本书由
中央高校建设世界一流大学（学科）
和特色发展引导专项资金
资助

中南财经政法大学"双一流"建设文库

中|国|经|济|发|展|系|列|

土地资源错配、效率损失 与机制优化

Land Resource Misallocation, Efficiency Loss and Optimizing Mechanisms

张俊峰 著

中国财经出版传媒集团

经济科学出版社
Economic Science Press

图书在版编目（CIP）数据

土地资源错配、效率损失与机制优化/张俊峰著.
—北京：经济科学出版社，2020.9
（中南财经政法大学"双一流"建设文库）
ISBN 978 - 7 - 5218 - 1779 - 9

Ⅰ.①土…　Ⅱ.①张…　Ⅲ.①土地资源－资源配置－
研究－中国　Ⅳ.①F323.211

中国版本图书馆 CIP 数据核字（2020）第 148504 号

责任编辑：杨　洋　卢玥丞
责任校对：郑淑艳
版式设计：陈宇琰
责任印制：李　鹏　范　艳

土地资源错配、效率损失与机制优化

张俊峰　著

经济科学出版社出版、发行　新华书店经销
社址：北京市海淀区阜成路甲 28 号　邮编：100142
总编部电话：010 - 88191217　发行部电话：010 - 88191522
网址：www. esp. com. cn
电子邮箱：esp@ esp. com. cn
天猫网店：经济科学出版社旗舰店
网址：http://jjkxcbs. tmall. com
北京季蜂印刷有限公司印装
787 × 1092　16 开　14 印张　230000 字
2020 年 10 月第 1 版　2020 年 10 月第 1 次印刷
ISBN 978 - 7 - 5218 - 1779 - 9　定价：56.00 元
（图书出现印装问题，本社负责调换。电话：010 - 88191510）
（版权所有　侵权必究　打击盗版　举报热线：010 - 88191661
QQ：2242791300　营销中心电话：010 - 88191537
电子邮箱：dbts@ esp. com. cn）

总　序

　　"中南财经政法大学'双一流'建设文库"是中南财经政法大学组织出版的系列学术丛书，是学校"双一流"建设的特色项目和重要学术成果的展现。

　　中南财经政法大学源起于1948年以邓小平为第一书记的中共中央中原局在挺进中原、解放全中国的革命烽烟中创建的中原大学。1953年，以中原大学财经学院、政法学院为基础，荟萃中南地区多所高等院校的财经、政法系科与学术精英，成立中南财经学院和中南政法学院。之后学校历经湖北大学、湖北财经专科学校、湖北财经学院、复建中南政法学院、中南财经大学的发展时期。2000年5月26日，同根同源的中南财经大学与中南政法学院合并组建"中南财经政法大学"，成为一所财经、政法"强强联合"的人文社科类高校。2005年，学校入选国家"211工程"重点建设高校；2011年，学校入选国家"985工程优势学科创新平台"项目重点建设高校；2017年，学校入选世界一流大学和一流学科（简称"双一流"）建设高校。70年来，中南财经政法大学与新中国同呼吸、共命运，奋勇投身于中华民族从自强独立走向民主富强的复兴征程，参与缔造了新中国高等财经、政法教育从创立到繁荣的学科历史。

　　"板凳要坐十年冷，文章不写一句空"，作为一所传承红色基因的人文社科大学，中南财经政法大学将范文澜和潘梓年等前贤们坚守的马克思主义革命学风和严谨务实的学术品格内化为学术文化基因。学校继承优良学术传统，深入推进师德师风建设，改革完善人才引育机制，营造风清气正的学术氛围，为人才辈出提供良好的学术环境。入选"双一流"建设高校，是党和国家对学校70年办学历史、办学成就和办学特色的充分认可。"中南大"人不忘初心，牢记使命，以立德树人为根本，以"中国特色、世界一流"为核心，坚持内涵发展，"双一流"建设取得显著进步：学科体系不断健全，人才体系初步成型，师资队伍不断壮大，研究水平和创新能力不断提高，现代大学治理体系不断完善，国际交流合作优化升级，综合实力和核心竞争力显著提升，为在 2048 年建校百年时，实现主干学科跻身世界一流学科行列的发展愿景打下了坚实根基。

"当代中国正经历着我国历史上最为广泛而深刻的社会变革，也正在进行着人类历史上最为宏大而独特的实践创新"，"这是一个需要理论而且一定能够产生理论的时代，这是一个需要思想而且一定能够产生思想的时代"[1]。坚持和发展中国特色社会主义，统筹推进"五位一体"总体布局和协调推进"四个全面"战略布局，实现"两个一百年"奋斗目标、实现中华民族伟大复兴的中国梦，需要构建中国特色哲学社会科学体系。市场经济就是法治经济，法学和经济学是哲学社会科学的重要支撑学科，是新时代构建中国特色哲学社会科学体系的着力点、着重点。法学与经济学交叉融合成为哲学社会科学创新发展的重要动力，也为塑造中国学术自主性提供了重大机遇。学校坚持财经政法融通的办学定位和学科学术发展战略，"双一流"建设以来，以"法与经济学科群"为引领，以构建中国特色法学和经济学学科、学术、话语体系为己任，立足新时代中国特色社会主义伟大实践，发掘中国传统经济思想、法律文化智慧，提炼中国经济发展与法治实践经验，推动马克思主义法学和经济学中国化、现代化、国际化，产出了一批高质量的研究成果，"中南财经政法大学'双一流'建设文库"即为其中部分学术成果的展现。

文库首批遴选、出版二百余册专著，以区域发展、长江经济带、"一带一路"、创新治理、中国经济发展、贸易冲突、全球治理、数字经济、文化传承、生态文明等十个主题系列呈现，通过问题导向、概念共享，探寻中华文明生生不息的内在复杂性与合理性，阐释新时代中国经济、法治成就与自信，展望人类命运共同体构建过程中所呈现的新生态体系，为解决全球经济、法治问题提供创新性思路和方案，进一步促进财经政法融合发展、范式更新。本文库的著者有德高望重的学科开拓者、奠基人，有风华正茂的学术带头人和领军人物，亦有崭露头角的青年一代，老中青学者秉持家国情怀，述学立论、建言献策，彰显"中南大"经世济民的学术底蕴和薪火相传的人才体系。放眼未来、走向世界，我们以习近平新时代中国特色社会主义思想为指导，砥砺前行，凝心聚

---

[1] 习近平：《在哲学社会科学工作座谈会上的讲话》，2016 年 5 月 17 日。

力推进"双一流"加快建设、特色建设、高质量建设，开创"中南学派"，以中国理论、中国实践引领法学和经济学研究的国际前沿，为世界经济发展、法治建设做出卓越贡献。为此，我们将积极回应社会发展出现的新问题、新趋势，不断推出新的主题系列，以增强文库的开放性和丰富性。

"中南财经政法大学'双一流'建设文库"的出版工作是一个系统工程，它的推进得到相关学院和出版单位的鼎力支持，学者们精益求精、数易其稿，付出极大辛劳。在此，我们向所有作者以及参与编纂工作的同志们致以诚挚的谢意！

因时间所囿，不妥之处还恳请广大读者和同行包涵、指正！

中南财经政法大学校长

前　言

　　随着供给侧因素减弱，我国经济潜在增长率下降，要从根本上解决新一轮经济增长问题，归根结底是要进行合理的资源配置，提高资源配置效率。如今，土地作为供给侧四大要素（资本、劳动、土地、创新）之一，所有经济活动都要依靠土地承载。因此优化土地资源配置，提升土地资源配置效率和产出效率，成为促进我国资源效率提升和区域平衡发展的长效手段，也能为下一轮经济增长提供新的动力。当前，我国土地资源存在错配现象，配置效率亟须改进。一方面，土地资源在部门间存在错配，非农建设用地和农业用地配置失衡，大量建设用地占用耕地，工业、住宅和商业用地结构比例失调，建设用地规模无序扩张、优质耕地面积剧减和耕地后备资源不足等问题突出。另一方面，土地资源在地区间存在错配，土地供需不平衡，用地紧缺与闲置低效并存，区域土地利用效益差异显著，土地整体利用水平不高，土地非均衡发展，配置效率损失严重。纠正土地资源错配，改进土地资源配置机制，对供给侧改革、经济增长和城镇化健康发展具有重要意义。

　　本书在对土地资源错配理论进行梳理和拓展的基础上，运用生产函数模型和边际分析方法构建土地资源错配测度和效率损失测度模型，并运用计量模型对土地资源错配的机制进行了验证，最后基于错配视角提出我国土地资源错配纠正策略与机制优化路径。全书共分为十个章节。第一章为导论，介绍本书的概况，包括研究背景与意义、相关文献综述与评述、研究内容与思路、研究方法与数据、研究创新与不足等。第二章为土地资源错配理论分析，主要对资源错配的理论与研究方法进行梳理、归纳与总结，并根据土地资源的基本特性，提出土地资源错配的理论与研究方法。第三章为土地资源部门错配测度与特征分析，运用生产函数法构建土地资源部门错配测度模型，重点探讨我国土地资源部门错配程度、类型及其时空特征。第四章为土地资源空间错配测度与特征分析，通过构建土地资源空间错配测度模型，探讨我国土地资源在不同地区之间的错配程度、类型及其时空特征。第五章为土地资源错配效率损失测度与特征分析，从错配视角构建土地资源错配效率损失模型，对我国土地资源部门错配、空间错配效率损失进行探讨。第六章为土地资源省际错配与实证，运用土地资源空间错配测度模型，以长江中游城市群为例，定量测度土地资源省际错配及其效率损失。第七章为土地资源市际错配与实证，主要对土地资源空间错配测度模型进行改进，以湖北省17个地市州为例，定量测度土地资源市际错配及其效率损失。第八章为土地资源错配机制与检验，提出土地资源错配的机制框架和假说，进而构建土地资源错配机制检验模型，进行实证检验。第九章为土地资源错配多尺度比较与特征分析，针对上述区际错配、省际错配以及市际错配测度结果，从错配类型、错配程度、错配效率损失、错配变化趋势、错配差异等方面比较不同尺度视角下土地资源空间错配的特征。进一步根据土地资源多尺度错配特征提出土地资源空间错配纠正的思路与启示。第十章为土地资源配置优化策略。从土地资源部门错配、空间错配、配置机制、供给侧改革等四个方面针对性提出土地资源配置优化策略与实施路径。

　　本书首次从错配视角，系统性地构建了土地资源错配测度模型、土地资源错配效率损失模型以及土地资源错配机制检验模型，探讨了区际、省际、市际等不同尺度下的土地资源错配成因、类型、特征、机制以及错配效率损失，提出纠正土地资源错配的策略，进而提升资源配置效率和产出效率。项目的研究思路与方法为探讨土地资源配置效率问题提供了新的研究思路和方向。土地资源错配纠正策略与配置机制设计，为推动土地资源供给侧改革和土地管理制度体制创新提供了可参考的依据。

张俊峰

2019 年 8 月

目　录

第一章
导　论

第一节　研究背景与意义

一、研究背景

随着供给侧因素的减弱，我国经济潜在增长率的下降，要从根本上解决新一轮经济增长问题，归根结底是要进行合理的资源配置，提高资源配置效率（茅于轼，2013）。土地作为所有经济活动的基础资源，优化土地资源配置，提升土地资源配置效率和产出效率，成为促进我国资源效率提升和区域平衡发展的长效手段，也能为下一轮经济增长提供新的动力（陆铭，2011）。

当前，我国土地资源存在错配现象，配置效率亟须改进。一方面，土地资源在部门间存在错配，主要表现为非农建设用地和农业用地配置失衡，大量建设用地占用耕地，工业、住宅和商业用地结构比例失调，建设用地规模无序扩张，优质耕地面积剧减，土地生态破坏严重及耕地后备资源不足等。第二次全国土地调查数据显示，城镇用地比第一次调查数据增加 278.53 万公顷，其中占用的大多是优质耕地，人均耕地面积由 0.11 公顷减少到 0.10 公顷，耕地后备资源锐减不足 33.33 万公顷，耕地保护形势十分严峻。另一方面，土地资源在地区间存在错配，主要表现为土地空间供需不平衡导致区域之间用地紧缺与低效闲置并存，区域土地利用效益差异显著导致土地整体利用水平不高，土地非均衡发展导致资源配置效率损失严重。据国土资源部《国家级开发区土地集约利用评价情况（2012 年度）》显示，地区层面上，我国东部、中部、西部地区的工业用地产出强度分别为 15 837.11 万元/公顷、8 358.23 万元/公顷、8 529.99 万元/公顷，东部地区明显高于中西部地区；国家级开发区层面，工业用地产出强度最高达 24 亿元/公顷，最低仅 26 万元/公顷，工业用地产出强度差距近万倍，亟须引导工业用地合理布局，提高用地效率。

我国疆土辽阔，地区自然地理环境、社会经济发展状况存在显著差异，尤其是土地资源数量、质量、结构及其空间组合等存在显著的空间异质性（张俊峰和张安录，2015）。空间异质性的存在影响着土地资源优化配置，使得土地资源错配进一步加剧。我国土地资源主要有政府主导和市场机制两种配置方式。在市场机制下，资源配置以效率为导向，发挥优势作用，土地资源向高效率地区和部门集中，区域土地利用效益差异加大使得土地非均衡发展、土地资源错配。同时，土地利用具有很强的外部性，市场的失灵、效率的导向会导致土地过度开发、土地生态承载力下降和土地质量退化等负外部性，土地综合效益失控加剧了土地资源错配程度。政府机制下，资源配置追求公平，初次配置时，政府作为资源配置的主导者，若中央政府与地方政府目标不一致，出现了地区竞赛、产业同构等现象导致土地资源错配。再次配置时，政府作为资源配置的调节者，若土地宏观调控失度，市场干预过度或纠正不足也将导致资源错配。

综上可知，在现有土地资源配置机制和土地资源禀赋空间异质的情况下，我国土地资源错配现象普遍存在，并严重制约了土地资源的高效合理利用，阻碍了我国社会经济的持续及稳定发展。2015年中央多次提出"供给侧改革"，着力加强供给侧结构性改革以纠正资源错配，提高供给体系质量和效率。土地作为供给侧四大要素（资本、劳动、土地、创新）之一，所有经济活动都要依靠土地承载，供给侧改革土地政策必须发力，减少土地资源错配，改进配置效率。因此，纠正土地资源错配，完善土地资源配置机制，提升土地资源配置效率和产出率，关系到我国土地市场建设、土地宏观调控政策制定和经济的平稳增长。

二、研究意义

本书基于资源错配视角，构建土地资源错配测度模型和土地资源错配效率损失模型，探索土地资源错配成因、类型、特征、机制以及错配效率损失，进而提出纠正土地资源错配的策略，以提升资源配置效率和产出效率，具有以下意义和价值：

第一，纠正土地资源错配，促进供给侧改革，为经济增长提供新动力。习近平总书记在中央财经领导小组会议上，提出了"供给侧结构性改革"理念，指出在适度扩大总需求的同时，着力加强供给侧结构性改革。李克强总理在《中华人民共和国国民经济和社会发展第十三个五年规划纲要》编制工作会议时再次强调，要在供给侧和需求侧两端发力。供给侧结构性改革成为提高供给体系质量和效率，增强经济持续增长的动力。所有经济活动都要依靠土地承载，供给侧改革也必然要求在用地政策上得到落实（唐健，2015）。然而，由于我国土地资源禀赋空间异质和资源错配问题的存在，土地供需矛盾突出，制约了土地资源供给效率和土地利用质量的提升，不利于经济增长。因此，纠正土地资源错配，提高土地资源配置效率，是土地资源供给侧结构性改革的重要内容和举措，为经济结构调整和经济增长释放提供动力。

第二，优化土地资源配置方式，有助于发挥市场在土地资源配置中的决定性作用。我国虽建立了以政府主导、市场机制为主的土地资源配置方式（刘守英，2013），但是在土地资源配置中，政府过度干预和纠正不足导致土地资源配置效率损失，市场机制效率导向和土地公共物品特性导致土地非均衡发展，损失公平。可见，无论是土地资源政府配置，还是市场配置，均会造成土地资源错配。党的十八届三中全会公报指出"经济体制改革是全面深化改革的重点，核心问题是处理好政府和市场的关系，使市场在资源配置中起决定性作用和更好地发挥政府作用"。因此，明确界定政府调控和市场配置的职能和边界，优化土地资源配置方式，有助于处理好政府和市场的关系，发挥土地市场在土地资源配置中的决定性作用。

第三，探究土地资源错配机制与成因，合理制定资源配置策略，创新土地利用政策。当前，越来越多的学者和机构已经认识到，影响经济增长的因素不仅仅是劳动、资本等要素的投入。劳动、资本、土地等要素非有效配置，已经成为阻碍经济增长的重要因素之一。但是关于资源错配的机制以及成因的研究，尚有待丰富，尤其是土地资源错配机制。本书重点探讨土地资源错配机制与成因，旨在厘清造成土地资源错配的政府行为与市场行为，针对性纠正错配行为与政策，制定有效的资源配置策略和土地利用政策，兼顾效率与公平、发展与保护，提高土地资源配置效率和产出效率。

第四，纠正土地资源错配，完善资源配置机制，有助于推动土地管理制度和相关体制机制的改革与创新。传统的土地管理模式与政策没有足够重视土地资源禀赋空间的异质和现实需求，普适性过强、针对性不足，平衡的配置方式可能牺牲了效率也损失了公平（陆铭，2011）。纠正土地资源错配，优化资源配置机制需要改变土地行政性配置方式，发挥市场配置土地资源的决定性作用。通过市场机制优化土地要素配置，提升效率，政府适当适度调控，增进公平。土地市场机制的完善与政府土地管理职能的转变实质上是对土地管理制度与模式的改革与创新，必然涉及部门职能调整和参与主体利益变革，推动现行的相关体制与机制做出改变。因此，纠正土地资源错配，完善资源配置机制，能够创新土地管理模式，推动相关体制机制改革。

第二节 文献综述与述评

一、土地资源禀赋与资源配置研究

（一）土地资源禀赋研究

资源禀赋又称要素禀赋，是区域经济发展的重要条件和物质基础，它的存在直接或间接地影响人类福利，代表着总体经济价值的一部分（Constanza et al.，1997）。从最初亚当·斯密的"绝对优势"理论到李嘉图的"相对优势"理论和俄林的"要素禀赋"理论（Ohlin，1933），都强调了资源禀赋的重要性。土地作为承载人类生产生活的基础资源，土地资源禀赋是社会经济发展的重要物质基础和条件。国内外学者对土地资源禀赋及其与区域发展的关系做了大量研究，但由于对土地资源禀赋内涵理解和观测重点的不同，土地资源禀赋概念迥异。大多学者将土地资源禀赋等同于耕地资源禀赋或农地禀赋，用人均耕地面积表征土地资源禀赋（James，1976；Connell et al.，1976；Vranken & Swinnen，2006；林毅夫等，2002；龙志和和陈芳妹，2007；游和远和吴次芳，2010）。而有些学者认为土地资源禀赋是一个自然地理和人文地理高度综合的复合概念（苗建青，

2011），不仅要包括耕地面积，还应包括坡地面积、平地面积和水浇地面积等（田玉军等，2010），不仅要考虑土地数量，还应考虑土地质量（吴泽斌等，2009；丁文广等，2006）。如茱莉亚·罗克珊娜和杜金·费伊（Julia Roxana & Duchin Faye，2013）利用土壤质量和农作物适宜性来表示土地资源禀赋，从微观角度定义了资源禀赋。陈美球等（2007）将土地空间分异特征纳入土地资源禀赋内涵，认为土地资源禀赋应包括土地破碎化程度。周生路等（2010）则从土地数量、质量、结构和效益等方面综合测度了土地资源禀赋度，但是没有对禀赋内涵以及禀赋度的应用价值做进一步说明。

由于对土地资源禀赋内涵定义不同，相关研究结果也存在明显差异。如文兰娇和张安录（2013）、曾菊新等（2015）采用耕地数量来表示土地资源禀赋，量化了土地资源诅咒程度，发现了研究区域土地禀赋优势与经济发展发生偏离的事实。吴次芳等（2014）利用人均土地面积表示土地资源禀赋，指出良好的土地资源禀赋可能刺激城市土地低效扩张。而牟燕和钱忠好（2015）用人均建设用地面积刻画土地资源禀赋状况，强调地方政府破解土地财政困境应考虑土地资源禀赋的约束。可见，界定土地资源禀赋对研究土地资源禀赋及其相关问题的重要性。

（二）土地资源禀赋与资源配置研究

资源禀赋理论是赫克歇尔和俄林为了解释大卫·李嘉图比较优势理论提出来的学说，后由俄林发展成为资源禀赋理论（Heckscher，1919；Ohlin，1933），所以土地资源禀赋也是一种比较优势。围绕土地资源禀赋和比较优势探讨耕地和建设用地数量和空间布局，是土地资源禀赋差异在资源配置中的具体应用。如姜开宏等（2004）、章泽宾和陈银蓉（2008）指出区域经济发展和土地资源禀赋存在明显差异性，按照区域土地利用比较优势分配建设用地和农用地指标，是土地资源优化配置的有效途径。林善浪等（2015）在测算建设用地空间错置率的基础上，提出建设用地空间配置应考虑耕地资源禀赋差异和非农生产条件等。土地资源禀赋差异是耕地资源优化配置的重要指标和依据。因为资源禀赋的区域差异使得耕地的生产力存在着空间差异，在相同耕地数量前提下，不同的耕地空间布局所对应的耕地粮食生产能力存在差异（王小映等，2006）。如我国粮食主产区划分、基本农田区划、耕地保护目标下达等粮食安全和耕地保护政策制定与实施主要依据区域土地资源数量、质量等资源禀赋。陈江龙等

（2004）通过计算建设用地和耕地产出效益，指出我国中部和西部在建设用地方面有比较优势，中部地区农用地利用有优势，给出了根据区域资源禀赋和经济发展水平的区域差异开展土地空间配置的思路，但是没有回答如何进行土地利用空间配置的问题。茱莉亚·罗克赛娜和杜金·费伊（Julia Roxana & Duchin Faye，2013）考察了气候变化下土地资源类型的情况，发现农业生产会占用具有生态价值的林地，指出未来应将农业生产布局在土地资源禀赋优越的地区，通过农业用地重新布局来减少农业生产扩大对林地的占用。柯新利等（2013）基于耕地资源禀赋和经济发展区域差异，设计了耕地优化布局方法体系，实现了耕地优化配置研究，但没有讨论建设用地配置问题。以上研究表明，按照区域土地资源禀赋差异和比较优势来配置土地资源，能够从总体上提高区域土地利用总福利（吴郁玲和曲福田，2006），土地资源禀赋差异理应是资源配置的重要依据。

（三）　土地资源禀赋与资源配置文献评述

梳理土地资源禀赋与资源配置相关文献，对于土地资源错配形成机制、错配纠正策略等具有重要参考意义。上述文献围绕土地资源禀赋内涵、禀赋差异与资源配置关系进行了探讨，可以发现：土地资源禀赋内涵界定是研究土地资源禀赋及其相关问题的前提和基础；土地资源禀赋异质性是土地资源优化配置的重要参考依据。这些研究为我们开展土地资源优化配置奠定了基础。但也应看到：一是由于对土地资源禀赋的内涵理解和观测重点不同，土地资源禀赋内涵还没有统一的界定，不利于研究结果的比对与印证；二是虽然有研究意识到应该根据土地资源禀赋差异配置土地资源，但是土地资源禀赋空间的异质性对资源配置的影响并未能引起足够重视。因此，学界需要寻找合适的视角来界定土地资源禀赋，探讨土地资源禀赋对资源优化配置的内在影响机制，为土地资源错配机制分析提供理论参考。

二、土地资源错配研究进展与趋势

（一）　土地资源错配理论研究

资源配置是经济学研究中的核心主题。从马歇尔的局部均衡分析、瓦尔拉斯的一般均衡分析、福利经济学等完全竞争理论，到张伯伦、罗宾逊的垄断竞争理论，再到鲍莫尔等人的可竞争市场理论，许多经济学家都对资源的有效配置进行了探索（张建华和邹凤明，2015）。但是由于市场的不完全、外部性、公共物品以及信息不对称等原因，资源配置往往偏离帕累托最优状态，出现资源配置效率损失。我们将这种资源配置效率损失称为资源错配。资源错配是相对资源有效配置而言的，有效配置是指从社会角度看能让有限资源获得最大产出的配置效率，而资源错配就是对于这种理想配置状态的偏离（陈永伟，2013）。近年来学界越来越意识到，经济发展不仅受土地、资本、劳动力等资源匮乏的影响，更受到稀缺资源错配问题的影响（Moll，2014；Midrigan & Xu，2014；黄忠华，杜雪君，2014）。土地作为经济建设基本投入要素和自然稀缺资源，土地资源错配已引起国内外学者的共同关注。由于国外市场土地与资本的替代性良好，土地更多被视作资本要素，被纳入资源错配研究当中。因此，国外直接将土地作为独立生产要素，研究土地资源错配问题的文献比较少见。但是国外对资源错配与生产率、资源错配与效率损失等问题的探索是我们研究土地资源错配的基础理论。如谢长泰和皮特·克莱诺（Chang – Tai Hsieh & Peter Klenow，2009）将资源的边际回报在截面上不相等所造成的资源错配，称之为内涵型错配，并对我国劳动及资本进行重新配置，发现我国全要素生产率（TFP）可以提升 25% ~ 40%。阿比吉特·班纳吉和本杰明·摩尔（Abhijit V. Banerrjee & Benjamin Moll，2010）则进一步指出要素边际产出都相等的情形下，如果企业存在生产技术非凸或潜在进入企业有更高的生产率，那么通过要素重新配置，仍然可以提高经济体的 TFP 和产出量，称之为外延型错配。以上均是单要素错配问题，对于劳动、资本、土地等投入要素和制度、技术等抽象性资源共同存在的市场而言，如果各要素资源不能实现最优匹配，同样会造成资源错配（Restuccia & Rogerson，2013）。

根据谢长泰和皮特·克莱诺（Chang – Tai Hsieh & Peter Klenow，2009），阿比吉特·班纳吉和本杰明·摩尔（Abhijit V. Banerrjee & Benjamin Moll，2010）对资源错配的界定，土地资源最优配置判断标准是土地在部门之间或区域之间的边际收益相等（李辉和王良健，2015）。因此土地资源错配表现为不同主体或部门间土地边际产出价值存在差异（黄忠华和杜雪君，2014），导致土地资源配置效率损失。按照效率损失类型，可将土地资源错配分为部门错配和空间错配。所谓部门错配是指土地资源在部门之间配置未能达到帕累托最优，造成效率损失，以农业部门和非农业部门之间的错配最为常见。如谭荣和曲福田（2006）、王良健等（2015）对农业部门与非农业部门的土地最优配置规模进行了研究。空间错配是指由于经济发展和土地利用的区域差异使得土地边际收益在空间上不相等导致的效率损失。如张恒义（2011）、郭建锋（2015）对我国各省（区市）的建设用地空间错配程度进行了研究。由于土地资源的公共物品属性和外部性特征，无论是土地资源部门错配还是空间错配，资源配置效率损失也伴随着不公平问题。基于此，国内学者围绕农地非农化（谭荣和曲福田，2006，2007；诸培新，2005；许恒周等，2008）、建设用地扩张与低效利用（杜官印和蔡运龙，2010；李鑫和欧名豪，2012；陈伟和吴群，2013）、土地非均衡发展（黄贤金等，2012；胡晓添和濮励杰，2010）、土地价格扭曲（张娟锋和贾生华，2007；蔡继明和程世勇，2010）等问题的研究，都是对土地资源错配现象的关注。我们需要做的是从错配视角来研究土地资源错配及效率损失，进而纠正土地资源错配，提高土地资源配置的效率和产出率。

（二）　土地资源错配成因研究

关于土地资源错配的成因，国内外学者从市场、政府和制度等角度进行了广泛的探讨，形成了比较一致的观点。

（1）土地市场机制不完全。理论上，完全竞争市场下土地资源要素能够自由流动，不存在资源错配。但实际上，由于资源垄断、要素阻碍、市场分割等市场缺陷（Brandt et al.，2013；Schelkle，2010；钱忠好和马凯，2007）以及生产率的异质性（Curuk，2012），土地要素不能以其边际产出（社会角度产出）相等的原则进行配置，区域和部门土地利用效率存在差异，造成资源错配。如前世界银行专家阿兰·柏图（Alain Bertaud，2007）研究了我国城市之间、城市与农村之间土地资源的错配问题时，就指出我国土地要素市场扭曲导致了土地资源错配。木村慎吾等（Shingo Kimura et al.，2011）同样基于中国的经验数据，研究得出土地交易费用可引起土地要素市场失灵，引发资源错配，制约土地配置效率的提升。我国学者钱忠好和马凯（2007）运用制度经济学理论将我国城乡非农建设用地市场的垄断、分割和整合作为不同的制度安排，分别探讨了制度绩效和存在缘由，发现城乡非农建设用地市场分割制度潜伏着效率的损失。

（2）政府干预不当或政策扭曲。政府干预不当或政策偏向会扭曲要素价格信号和影响投资决策，造成土地资源错配（Restuccia & Rogerson，2013）。土地资源配置可以通过市场机制与政府调控，政府通过政策偏向、规划管制等手段对土地市场进行调控，但由于调控手段不科学以及市场的灵活性等原因，往往出现政府过度干预或纠正不足等政府失灵的情况，将土地扭曲价格信号和决策传递给土地市场，导致土地资源错配。如谭荣和曲福田（2006）认为我国农地非农化指标的行政配给制度使得指标的空间配置存在着效率损失。钱文荣（2001）对新中国成立后的历史考察表明，政府逐利行为、行政机构设置等是土地资源供给错配的诱因，政府在弥补市场缺陷（失灵）过程中常会出现失策，有时其损失甚至大于政府干预前市场缺陷所造成的损失。

（3）制度缺陷或障碍。对土地资源配置至关重要的制度是产权制度。产权是效率的基础，科斯定理表明，产权明晰是实现资源市场交易最优配置的必要条件。完整的产权制度能催生保护、集约与节约利用土地的压力和动力机制，进而产生持续性效率，实现资源的有效配置（刘成玉，2013）。然而绝对完整和明晰的产权并不存在，产权制度不完善，收益的安全性和稳定性预期下降将扭曲并阻碍资源有效的配置和交易（Otsuka，2007）。曲福田和田光明（2011）则直接指出我国农村集体土地产权不清和产权制度的激励约束等功能的缺失，导致农村土地资源配置低效、农民权益受损等问题。国土空间管制同样是影响土地资源配置效率的重要制度，英国、法国、日本、荷兰、韩国等国家陆续进行了全国性的国土空间规划（文兰娇和张晶晶，2015）。然而国土空间管制通过区域发展管制和土地发展强度管制，可能带来负外部性，造成管制区土地发展受限（产生外部效益），产权主体利益"暴损"，而在可发展区土地价值升高（产生外部成本）土地使用权主体获得"暴利"（Gardner，1977；Hagman & Misczynski，1978；Thompson，1987），形成所谓的"暴利—暴损困境"（Barrows & Prenguber，1975），造成资源错配与公平损失。如詹姆斯·迪顿和理查德·范（B. James Deaton & Richard J. Vyn，2010）从理论与实证中发现通过绿带法土地用途管制降低了城市周围的农地价值，在绿带周围产生蛙跳效应。当严格的农业土地用途专门管制政策用以降低城市扩张时，可能由于蛙跳效应导致城市扩张得更远（Vyn，2012），并产生负面效应。

（三）土地资源错配效率损失与优化路径研究

土地资源在不同部门和地区间的错配将引起生产率的减损（黄忠华和杜雪

君，2014），衡量土地资源错配程度、优化土地资源配置路径是纠正土地资源错配的关键。国外学者更多地围绕要素扭曲程度、资源错配与生产率的关系及错配对经济增长的影响来探讨资源错配程度与配置效率的改进。如谢长泰和皮特·克莱诺（Chang – Tai Hsieh & Peter J. Klenow，2009）在规模报酬不变的C – D 生产技术之下，通过测量要素资源投入扭曲时发现，资源错配导致全要素生产减损，制约了经济增长，如果按照资源等边际收益对中国和印度的劳动及资本进行重新配置，则中国 TFP 可以提升 25% ~40% ，印度 TFP 可提升 50% ~60% 。洛伦·勃兰特（Loren Brandt，2013）通过比较最优配置的 TFP 与实际TFP 水平之间的差异，分别测量了因中国要素市场扭曲所导致的国家总全要素生产率与各省份全要素生产率损失的大小，并指出在中央政府经济改革中应消除国有部门和非国有部门之间的差异，降低资源扭曲程度。这些研究为我们在定量研究土地资源错配程度的基础上纠正错配、提升效率提供了理论方法与思路。

我国学者对纠正土地资源错配、优化土地资源配置做了一些有益的探索。在建设用地优化配置方面，部分学者通过构建包含土地要素在内的生产函数测算土地利用效率，根据效率空间差异进行建设用地优化配置（陈江龙和曲福田等，2004；邵挺和崔凡等，2011），指出建设用地指标向东部倾斜有利于优化中国土地资源空间配置效率。郭建锋（2015）则系统地量化了我国 287 个地级市从 1994 ~2012 年建设用地的空间错置程度，并根据空间错置率差异，提出非农建设用地指标的流转应遵循由错置率较高的城市转移到错置率较低的城市的原则。耕地优化布局方面，柯新利和马才学（2013）综合考虑了自然资源禀赋和社会经济条件的区域差异，依托分区异步元胞自动机模型，对研究区域耕地资源进行了空间优化布局，该方法能够实现在粮食安全前提下土地资源利用效率的帕累托优化。徐智颖和钟太洋（2016）探究中央地方政府间土地收入分配与耕地资源流失的相互作用机制发现，土地出让相关收入分配比例的有效调节会对耕地资源的保护产生积极的作用，避免土地资源的浪费错配。埃里克·利希滕贝格和丁成日（Erik Lichtenberg & Chengri Ding，2009）指出，提高农产品市场价格和由地方政府用土地收益增加农用地征收补偿的方法，比当前行政性限制耕地的保护政策更能有效改善土地配置效率。

土地资源优化配置不仅要改进空间配置效率，还应该考虑部门配置效率优化路径。具有代表性的是谭荣和曲福田（2006）的研究，他们把现阶段农地非农化的数量细分为代价性损失、过度性损失Ⅰ和过度性损失Ⅱ，通过生产函数模型估计土地资源在农业和非农业部门的边际效益曲线，估算农地非农化的各类损失，提出应减少农地非农化的过度性损失，实现农地非农化与农地资源保护从两难到双赢的转变。不同于谭荣和曲福田的研究，王良健等（2013）运用生产函数模型与面板计量的方法，探讨了耕地最优征收测算方法，指出提升耕地的边际效益是纠正耕地和建设用地错配的关键。李辉和王良健（2015）通过测算土地资源部门配置效率损失、部门规模欠优效率损失、部门收益差距效率损失和空间配置效率损失，给出了当前中国优化土地资源配置的最佳途径。张宏斌和贾生华通过理论分析指出政府应当通过减少建设用地收益、增加农用地收益、既减少建设用地收益又增加农用地收益三种方法调控土地非农化。可见，我国学者对土地资源错配的研究多以问题为导向，关注解决土地供需不平衡、农地非农化、土地低效利用和区域土地非均衡发展等城镇化建设和社会经济发展中暴露出的效率与公平问题。具体思路是在衡量土地资源配置效率损失的基础上，提出减少土地资源错配、优化土地资源配置效率的方法与路径。

（四）土地资源错配文献评述

上述文献对土地资源错配理论、成因、效率损失测度与优化路径等方面研究做了有益的探索，可以发现：国外直接将土地作为独立生产要素，研究土地资源错配问题的文献并不多见，但是国外对资源错配与生产率、资源错配与效率损失等问题的探索为我们开展土地资源错配研究提供了理论和方法借鉴；国内学者对土地资源错配及效率损失的存在性已取得共识，并从不同角度不同途径对土地资源优化配置和效率提升进行了探讨。但是还存在一些不足：一是现有研究较少从资源错配视角来审视和研究土地资源错配问题；二是对土地资源错配程度和效率损失测度的研究偏少，测度思路和方法有待丰富；三是在土地资源配置效率改进路径中，侧重于通过土地资源错配测度和资源再配置的比较，提出效率增进的路径与政策，缺少针对土地资源错配成因的体制机制（市场配置机制、政府配置机制）的探讨。在促进供给侧结构性改革、提升资源配置效率的背景下，未来应在土地资源错配机理、定量测度及其对生产率和经济影响机制等方面做深入研究。

三、土地资源配置机制研究进展与趋势

（一）土地市场配置机制与市场失灵研究

土地资源主要有市场配置和政府配置（计划配置）两种方式，土地市场机制不完全、政府调控政策扭曲是土地资源错配的重要原因，实际上也是土地资源的配置方式和运行机制出现了问题。如何处理好市场和政府在土地资源配置中的关系、规避市场失灵和政府失灵问题，是优化土地资源配置、纠正土地资源错配的关键。土地资源政府配置以传统经济为基础，通过行政指令和计划安排土地资源。土地资源市场配置以市场经济为基础，通过市场机制对土地资源分配和利用组合起到调节作用（李明月，2003）。随着市场经济的发展，土地要素市场不断完善并增加了技术市场和信息市场，使得供求机制、价格机制与竞争机制的联动效应增强，市场机制更加灵活，提高了市场配置资源的能力。在市场经济条件下，市场能够提供真实的简化信息（盛洪，2014），土地市场化配置会带来土地资源利用效率的提高，有助于促进经济增长。同时，土地资源的价值得到显现，进而有效地增加城乡居民财产性收入（钱忠好和牟燕，2013），取得比计划配置更高的土地利用效率（郑振源，2012）。因此，实行土地市场化配置是土地资源有效配置的必经之路（田光明和曲福田，2010）。

然而土地是一种特殊商品，同时也是外部性明显的公共资源，土地市场不是万能的，当市场价值规律无法实现土地资源配置效率最佳（何格，2008）的时候，便出现了土地市场失灵。造成土地市场失灵的因素很多，可以将土地市场失灵的原因分为两种，即外部性、垄断、公共物品等与时间无关的因素和蛛网①、不确定性、其他收敛困难等与时间有关的因素。钱文荣（2001）从城市土地资源配置效率的角度指出，土地供需不平衡、外部性和土地供给垄断等问题将降低土地资源配置效率，导致市场失灵。李明月和韩桐魁（2004）指出土地

---

① 蛛网主要是指产品在市场上经常出现的蛛网型波动的现象。

自然供给缺乏弹性和个体异质性，土地是国家安定的重要因素，土地追求综合效益等决定了土地市场是不完全竞争市场，必然存在市场失灵。孟星（2006）则认为城市土地市场的垄断与外部性、公共用地的信息不对称和城市土地市场分配的不公平是造成土地市场失灵的主要原因。李全庆和陈利根（2009）引入土地危机概念，认为土地经济危机、土地生态与景观危机、土地文化危机会导致土地市场失灵。张安录（2011）研究指出土地资源空间的异质性，土地市场的局部性、区域性和非完全竞争性和外部性都会使得土地市场失灵，其中外部性在农村土地市场中尤为明显。虽然对于土地市场失灵的原因表述不一，但可概括为三方面的原因：一是土地市场的局限性，包括市场机制无法解决自然垄断、外部性、信息不对称和公共产品等问题；二是土地市场的缺陷性，包括土地市场发育和运行的外部制度环境尚不健全；三是土地市场的负面性，即市场运行的结果不符合社会需要的价值判断标准，从而对社会产生负面影响而导致的市场失灵（王文革，2005；何格，2008）。

（二）政府干预的适当性与调控措施研究

土地市场失灵必然影响土地资源市场配置机制运行，这为政府干预土地资源配置提供了理由。尽管政府行为也会出现失灵的情况，但正如市场的基础性和决定性作用是不可替代的一样，政府的调控行为也是不可或缺的。美国经济学家斯蒂格利茨（1997）在其"非分散化定理"中就说到，如果没有政府的干预，就不能实现有效的市场资源配置。萨缪尔森（1999）也指出政府干预市场经济的三项职能，即提高效率、增进平等以及促进宏观经济的稳定与增长。关于政府在土地资源市场配置中的必要干预或调控职能与定位，形成了较为一致的意见，即由土地市场对资源配置起决定性作用，辅以政府对市场失灵的必要干预（文贯中，2014）。市场机制无法提供足够的公共用地、滋生土地利用负外部性，政府适当的规划和用途管制能提高土地整体使用效率，促进社会公平，减少各种谈判和诉讼带来的交易成本（Miceli，2011）。如科林·琼斯（Colin Jones，2014）通过政策案例研究的方法探究了市场力量对规划政策的制约关系，指出政府土地利用规划是辅助市场运行最有效的工具，可有效缓解市场失灵现象。郑振源（2012）认为在土地市场配置中，政府规划计划的功能是市场配置的调节者，而不再是土地的基本配置者。

关于政府在土地资源市场配置中的必要干预或调控的手段和措施，中外学者做了大量的探讨，并取得了丰硕成果。如钱文荣（2001）认为，在土地市场配置主导下，政府可以采用经济手段如税收、补贴或其他手段如计划、法律、行政等加以弥补。张安录（2011）认为，政府在矫正市场失灵时，应该在四个方面进行调控，即：政府在农地转用和土地征收决策时要考虑外部性；提高农用地转用和土地征收成本；政府尽量使农地转用控制在适度水平；估算出农地发展权的价格，实现城镇农村无缝对接，为未来的非公益性征地市场化奠定基础。郑振源（2012）指出在市场配置基础上，政府可以采取的调控手段有：信息引导、经济激励、限制土地使用权、取消土地所有权或使用权、国家确定的土地用途等。莱利·亚历山大（Alexander E. Riley，2014）针对土地市场中产权转移受限而导致的投资和财产风险问题，指出政府可以通过私人和公共代理等公共干预政策来共享预测和指示信息完善土地市场机制。李明月（2004）则针对土地市场不同发育阶段，指出在土地市场完善时期，政府的主要作用是解决土地外部经济效率、提供土地公共产品、增加信息供应量、制定公平的交易和竞争规则、调整用地结构以及维护产权；而在土地市场转轨时期，政府应缩小直接配置土地资源的范围，消除阻碍市场成长的因素。

关于政府在土地资源市场配置中的必要干预或调控的范围和边界，学者们存在不同的看法与争论。如国外刚性分区规划问题，部分学者认为分区规划或多或少影响了农地价值（Beaton，1991），阻断社会、文化和经济的多样化需求，并会引起物理结构和社会公平矛盾（Yokohari et al.，2000），呼吁在土地规划上获得更多的地方自由裁量权，将权力从战略水平向地方政府下放。而辛西娅·尼克森和洛里·林奇（Cynthia J. Nickerson & Lori Lynch，2001）认为，农地保护计划并不会减少农地或者未利用地的价值。国内关于土地规划和用途管制在土地市场机制中作用的研究，陈锡文（2013）认为，在土地利用和农地规划这个领域，市场不能起决定性作用，只有在土地用途管制及合理规划的情况下，才能允许市场起作用。而文贯中（2014）指出，政府土地利用规划和用途管制的兴起，源于匡正以负外部性和公共用地不足为代表的市场失灵的需要，是对市场配置机制的必要补充，而不是禁止非国有土地入市。其实争论的关键在于，土地规划与用途管制中政府和市场的职能边界问题（陈茵茵，2008），这也是目前我国土地资源配置机制亟须解决的问题，即土地资源市场配置中如何准确界定政府和市场职能边界，发挥市场机制配置土地资源的决定性作用。国外土地市场比较发达，土地资源配置以市场机制为主，土地价格主要根据市场的供求确定。在市场运行过程中，强调土地所有者的权益，形成了较为完善的登记制度，明确权利归属；同时，强调市场的主体地位，严格区分了政府与市场的活动范围，对土地市场的干预是以完善的市场原则为基础的。国外土地资源配置方式和土地市场运行机制为我国土地资源配置效率改进提供了参考。目前，我国土地市场化水平不高，政府应该不断加大土地市场化改革的力度，不断强化市场机制在配置土地资源中的作用，努力消除各种非市场因素的限制（牟燕，钱忠好，2013），完善土地市场机制，发挥市场机制在土地资源配置中的决定性作用。

（三）土地资源配置机制文献评述

综上可知，市场失灵是市场经济的常态，土地作为一种特殊的公共物品，同时也是外部性、异质性明显的公共资源，土地市场存在市场机制的自身缺陷以及市场机制无法解决的问题，具体表现为土地市场的局限性、缺陷性和负面性。针对土地市场失灵的问题，政府有必要对土地市场进行干预和调控。在政府调控过程中已经明确思路，即土地资源配置以市场机制为主，政府适当调控、界定和把握政府在土地市场配置机制中职能定位。政府调控的手段和途径应充分考虑土地市场的外部性、公共物品的供给、社会分配及公平等市场失灵问题以及市场运行机制建设与完善问题，制定相应的调控措施。已有研究为本书提供了良好的研究基础和借鉴作用，同时也存在一些不足：一是我国土地市场化水平不高，土地市场机制不完善，难以发挥市场机制在土地资源配置中的决定性作用，需要进一步建设和完善土地市场机制。二是对土地资源市场配置与政府调控的边界没有给出准确的界定，需要寻找合适的切入点准确定位土地资源市场配置和政府调控的边界。因此，加大土地市场化改革力度，不断强化市场机制在配置土地资源中的作用，努力消除各种非市场因素的限制，完善土地市场机制，明确界定市场机制和政府干预在土地资源配置中的边界，是改进土地资源配置方式、提高配置效率的根本途径。

第三节　研究内容与思路

一、研究内容

本书在对土地资源错配理论进行梳理和拓展的基础上，运用生产函数模型构建土地资源错配测度和效率损失测度模型，并运用计量模型对土地资源错配的机制进行了验证，最后提出土地资源错配优化策略与机制改革路径。全书共分为十个章节，主要内容如下：

第一章为导论，主要介绍本书的编写概况，包括研究背景与意义、相关文献综述与评述、研究内容与思路、研究方法与数据、研究创新与不足等。

第二章为土地资源错配理论分析。主要对资源错配的理论与研究方法进行梳理、归纳与总结，并根据土地资源的基本特性，提出土地资源错配的理论与研究方法。

第三章为土地资源部门错配测度与特征分析。在分析当前我国土地资源在农业部门和非农业部门之间的配置状况的基础上，探讨土地资源部门错配的主要问题。运用生产函数法构建土地资源部门错配测度模型，重点探讨我国土地资源部门错配程度、类型及其时空特征。

第四章为土地资源空间错配测度与特征分析。在分析当前我国土地资源在不同地区之间的配置状况的基础上，探讨我国土地资源配置的时空差异。并进一步依据地区差异和边际收益法，构建土地资源空间错配测度模型，探讨我国土地资源在不同地区之间的错配程度、类型及其时空特征。

第五章为土地资源错配效率损失测度与特征分析。本章主要依据资源错配理论，从错配视角构建土地资源错配效率损失模型，对我国土地资源部门错配、空间错配效率损失进行探讨，以期为纠正我国土地资源错配提供技术依据。

第六章为土地资源省际错配与实证。本章运用土地资源空间错配测度模型，以长江中游城市群为例，定量测度土地资源省际错配及其效率损失，为纠正土地资源省际错配策略制定提供参考依据。

第七章为土地资源市际错配与实证。本章对土地资源空间错配测度模型进行改进，进而以湖北省17个地市州为例，定量测度土地资源市际错配及其效率损失，为纠正土地资源市际错配策略制定提供参考依据。

第八章为土地资源错配机制与检验。本章主要依据土地资源错配理论，对土地资源错配的机制进行理论分析，提出相关假说，构建土地资源错配机制检验模型，定量探讨土地资源错配机制。

第九章为土地资源错配多尺度比较与特征分析。本章针对上述区际错配、省际错配以及市际错配测度结果，从错配类型、错配程度、错配效益损失、错配变化趋势、错配差异等方面，比较不同尺度视角下土地资源空间错配的特征。进一步根据土地资源多尺度错配特征提出土地资源空间错配纠正的思路与启示。

第十章为土地资源配置优化策略。本章根据上述研究结果，从部门错配、空间错配、机制设计、供给侧改革四个方面提出针对性的土地资源配置优化策略与实施路径，为土地资源优化配置提供新的视角与方向。

二、研究思路

本书按照"理论梳理—资源错配—错配机制—效率改进"的总体研究思路进行展开。首先，对资源错配的相关理论进行回顾与梳理，进而界定土地资源错配的定义、类型、经济学内涵等，为研究土地资源错配提供理论依据。其次，基于错配视角，构建土地资源错配测度模型，探讨土地资源区际错配、省际错配、市际错配及其错配效率损失，并比较分析其时空变化特征，为纠正土地资源错配提供依据。再次，构建土地资源错配机制分析框架，运用计量模型对我国土地资源错配机制进行检验。最后，以资源错配为突破口，改进土地市场配置机制和政府调控机制，提升土地资源配置效率。详细技术路线如图1-1所示。

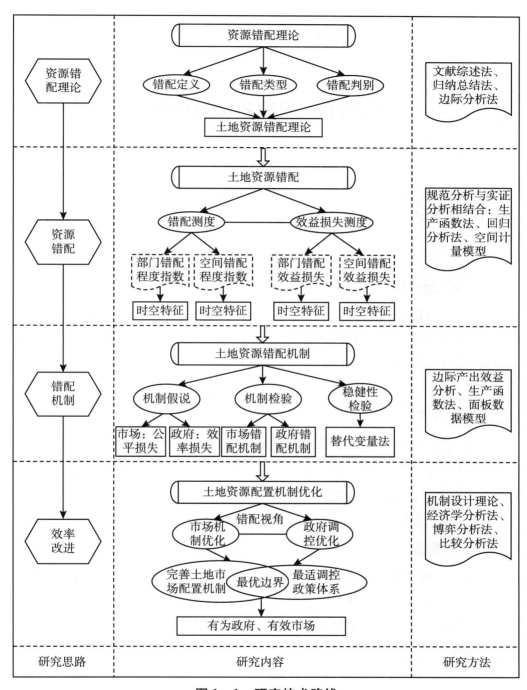

图 1-1 研究技术路线

第四节　研究方法与数据

一、研究方法

（一）文献归纳法

运用文献归纳法对资源错配的经典文献进行综述、梳理与归纳，结合土地的自然资源和经济属性，对土地资源错配定义、错配类型、判别标准、影响因素等进行分析与界定。

（二）规范分析法

假设土地市场配置机制和政府配置机制单独存在并运行，土地资源禀赋空间异质性显著，建立土地资源配置的理论分析框架，对土地市场配置和政府配置进行均衡分析，提出土地资源错配机制假说。

（三）计量模型

采用土地市场化数据（如出让金、出让面积）和土地规划管制数据（如建设用地控制指标、耕地保有量）作为实证检验的基础数据。基于回归计量模型，建立土地资源错配机制面板数据模型，检验土地资源市场错配与政府错配对土地资源错配的影响。

（四）生产函数法

我们假设一个区域有农业和非农业两个部门，资本、劳动力、土地及全要素生产率决定了区域经济产出。柯布—道格拉斯生产函数具有性质稳定、操作方便的特点，在农业部门和非农业部门均有着广泛的应用。我们运用拓展的CD 生产函数估计区域最优要素生产函数，以此函数来估计土地资源最优配置规模。

（五）边际分析法

根据谢长泰和皮特·克莱诺（Chang–Tai Hsieh & Peter J. Klenow，2009）对资源错配的定义，我们将土地资源在不同地区和部门的边际回报在截面上相等称为土地资源有效配置，而相对有效配置状态的偏离称为资源错配。按照这个基本的经济学理论，我们运用土地边际产出效益在截面上是否相等来判断土地资源是否错配以及错配程度大小。

（六）机制设计理论

机制设计理论最早由里奥尼德·赫维茨（Leonid Hurwicz，1973）提出，后经埃瑞克·马斯金（Eric S. Maskin，1977）和罗格·迈尔森（Roger B. Mverson，1981）进一步发展。机制设计理论把社会目标作为已知，试图寻找实现既定社会目标的经济机制。简单来说就是在把机制定义为一个信息交换系统和信息博弈过程之后，把关于机制的比较转化成对信息博弈过程均衡的比较。机制设计理论不仅指出了种种不可能性的困境，更提供了具体情况下走出困境的途径——如何设计机制或者规则，保证社会目标的达成。借助机制设计理论，人们可以确定最佳的资源配置方式。本书根据机制设计理论的模型建立一个包括外部性、动态性在内的土地资源配置机制设计模型。

当然，土地资源配置机制改进除了运用机制设计理论外，还运用了经济学分析、博弈分析、比较分析等方法。经济学分析：运用经济学理论与分析方法，对土地市场配置机制进行考察。博弈分析法：对中央政府与地方政府、地方政府之间在土地资源配置中的调控行为进行考察。比较分析法：比较其他国家和地区土地市场运行机制和政府调控职能措施，为我国土地资源配置中市场机制与政府调控职能边界重划和政策重构提供参考。

二、数据来源

本书主要数据来自《中国统计年鉴》（1997~2016）和各省区市统计年鉴。其中，农业部门和非农业部门产出采用第一产业产值和第二、第三产业产值表示，资本存量采用永续盘存法计算，计算方法、折旧率参考单豪杰算法，当年投资额分别用第一产业固定资产投资和第二、第三产业固定资产投资表示时，单位均为亿元，并以 1996 年为基期的可比价做调整。农业部门和非农业部门劳动力分别采用第一产业从业人员和第二、第三产业从业人员表示，单位为万人，土地面积分别采用农用地面积和建设用地面积表示，单位为万公顷。

为方便研究将我国 31 个省区市分为东部、中部、西部作为三个区域，其中东部包括北京、天津、河北、辽宁、上海、江苏、浙江、福建、山东、广东、海南 11 个省区市；中部包括山西、吉林、黑龙江、安徽、江西、河南、湖北、湖南 8 个省区市；西部包括内蒙古、广西、重庆、四川、贵州、云南、西藏、陕西、甘肃、青海、宁夏、新疆 12 个省区市。土地资源空间错配仅考虑建设用地在三个区域的错配及效益损失。

第五节　研究创新与不足

一、可能的创新

（一）研究技术路线有新意

在现有土地资源配置机制和土地资源禀赋空间异质事实下，土地市场配置机制以效率为导向，公平损失、土地负外部性频现，造成资源错配。土地政府配置机制下，初次配置时政府主导，注重公平，出现地区竞赛、产业同构等现象。再次配置时政府调节，干预过度或纠正不足，土地资源错配。土地资源错配必然带来土地资源配置效率损失和生产率减损，有必要纠正土地资源错配，提升资源配置效率。本书正是基于这个研究构想，提出了"理论梳理—资源错配—效率损失—效率改进"的总体研究思路，在对资源错配理论进行梳理、拓展的基础上，提出土地资源错配含义与判断标准，进而测度土地资源错配程度及效率损失，探讨土地资源错配机制，以纠正资源错配为目标，改进土地资源配置机制，提升资源配置效率和产出效率。因此，本书"理论梳理—资源错配—机制探讨—效率改进"的研究思路与技术路线具有一定新意。

（二）资源错配和效率测度方法有新意

以土地边际经济产出相等为标准测度土地资源最优配置效率，没有考虑到农用地的生态价值和社会效益等，也忽视了建设用地利用的负外部性（能源消费、污染排放），降低了农用地价值，高估了建设用地效益，往往导致农地过度非农化配置。本书考虑了土地利用的外部性问题，并区分了正负外部性（生态价值、粮食安全、污染排放等），将其纳入土地边际产出回报中，以此测度土地资源有效配置效率，有效避免了低估农用地边际回报和高估非农建设用地边际回报的问题。在此基础上，进一步构建了土地资源错配程度（空间错配、部门错配）及其效率损失（农地农用损失、农地过渡性损失、空间错配效率损失）测度模型，测度方法和结果更为客观、全面。

二、存在的不足

本书基于错配视角首次对土地资源错配进行了界定，构建了土地资源错配测度模型与效率损失模型，运用计量模型对土地资源错配机制进行了深入探讨。在此基础上，运用机制设计理论，对土地资源配置机制进行了改进，为土地资源优化配置提供了参考依据。但本书也存在一些不足：

一是实证研究尺度需要进一步缩小。本书分别以我国三大区域、长江中游城市群 3 个省份、湖北省 17 个地市州 1996～2015 年面板数据为样本，重点探讨了我国全国尺度、省际尺度、市际尺度下的土地资源错配程度及效率损失。实证研究尺度偏大，对具体省市县土地资源配置优化的指导性不足，需要进一步扩充细化实证样本数量，缩小研究尺度，以提高研究结果的指导性和可操作性。

二是本书考虑了土地资源利用与配置的外部性，但是外部性测算仍需要进一步研究。虽然本书参考了前人研究，并对土地资源利用与配置的外部性进行了测算，但是当前外部性衡量仍然缺少统一标准，尚未形成一定的价格机制。具体到地块，由于土地资源具有普遍的空间异质性，每个区域土地资源利用与配置的外部性也是不一致的。土地资源利用与配置外部性测算仍是土地资源优化配置亟须解决的关键问题之一。

三是本书土地资源机制优化设计模型需要进一步验证。本书基于机制设计理论构建了土地资源配置机制模型，但是对于该模型的具体应用与实践，限于数据获取等原因，没有进一步验证。这也是我们下一步的重点研究内容。

第二章
土地资源错配理论分析

第一节 资源错配理论

一、资源错配的界定

资源配置是经济学研究中的核心主题。从马歇尔的局部均衡分析、瓦尔拉斯一般均衡分析、福利经济学等完全竞争理论，到张伯伦、罗宾逊的垄断竞争理论，再到鲍莫尔等人的可竞争市场理论，许多经济学家对资源有效配置进行了探索。但由于市场的不完全、外部性、公共物品以及信息不对称等原因，资源配置往往偏离帕累托最优状态，出现配置效率损失。这一现象我们称之为资源错配。

至今为止，国内外学者对资源错配的概念尚未形成统一的看法。目前比较一致的观点是通过对资源错配现象的描述和经济学内涵的解读来定义资源错配。即资源错配是相对资源有效配置而言的，有效配置则是指从社会角度看能让有限资源获得最大产出的配置效率，而资源错配就是对于这种理想配置状态的偏离（陈永伟，2013）。资源错配的内涵包括两层含义：一是资源错配是相对于全社会角度而言，当资源配置不能获得全社会整体产出最大化时，将发生资源错配；二是资源错配是相对于综合效益最大化而言，当资源配置不能获得社会、经济、生态等综合效益最大化时，将发生资源错配。因此，资源错配是偏离资源有效配置的状态，即偏离资源综合产出和社会整体产出最大化的配置状态。

近年来学界越来越意识到，经济发展不仅受土地、资本、劳动力等资源匮乏的影响，更受到稀缺资源错配问题的影响。这些资源不仅包括劳动、资本、土地等实物性生产要素，同时还包括对实物性生产要素有补充、决定和限制作用的知识、技术和制度等抽象性资源（张建华和邹凤明，2015）。而且实物性生产要素与抽象性资源如果不能实现完美匹配与融合，也会发生资源错配。

二、资源错配的类型

现有文献将资源错配的类型分为两大类。

第一类是内涵型错配。谢长泰和皮特·克莱诺（Chang‐Tai Hsieh & Peter J. Klenow，2009）将资源边际回报在截面上不相等称之为资源内涵型错配，建立了资源错配测度模型，并运用该模型对中国劳动及资本进行重新配置，发现中国全要素生产率可以提升 25% ~ 40%。内涵型错配的经济学意义是：如果所有生产单元的生产技术都是凸的，资源有效配置状态使每个生产单元的边际产出都是相同的，否则就存在资源错配。可以用图 2 - 1 来说明内涵型错配的经济学意义。假设有两个生产单元 1 和 2，两个单元的边际资本产出曲线（MPK）相交于 B 点，此时两个生产单元获得资本量为 Q_1A，Q_2A，全社会总产出为两个曲边梯形的面积之和。如果两个生产单元的边际资本产出不一样，如图生产单元 2 的边际产出大于生产单元 1 的边际产出，此时生产单元 1 和生产单元 2 的资本量分别为 Q_1E 和 Q_2E，全社会总产出为 Q_1EDP_1 和 Q_2ECP_2。可见，当资本边际产出在截面上不相等时，资源产出总量是下降的，减少的产出量为三角形 BCD 面积。

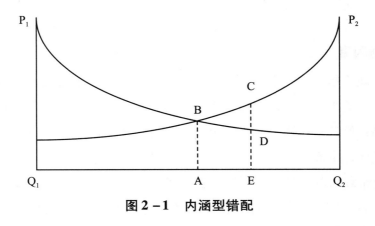

图 2 - 1　内涵型错配

第二类是外延型错配。班纳吉和摩尔（Banerrjee & Moll）认为要素边际产出都相等的情形下，如果企业存在生产技术非凸或潜在进入企业有更高的生产率，将存在资源外延型错配，通过要素重新配置仍然可以提高全要素生产率和产出量（Banerjee & Moll，2011）。所谓外延型错配是指在经济中所有生产单元边际产出在截面上相等时，如果通过资源要素的重新分配，仍然可以带来总产出增加的资源配置状态。

外延型错配又可以分为两种情况。一是经济体中存在生产单元生产技术非凸的情况。如果经济体中有生产单元是规模报酬递增的，按照边际产出相等的原则配置资源，资源的产出不会变化。但是如果将资源都集中配置到这个规模报酬递增的生产单元，那么整个经济体将能获得更高的产出。二是经济体中有潜在进入的生产单元存在更好的生产率。由于市场的不完全性，一些高生产率的潜在生产单元往往无法进行最优生产。按照要素边际生产出相等的进行资源配置，可以实现现有经济体中在位生产单元的最优产出，但是整个经济体无法实现最优配置。如果将部分在位者的资源配置给潜在的进入者使用，那么整个经济体的产出必然会增加。

三、资源错配的成因

资源错配受多种因素的影响，资源错配的成因可以从市场、政府、制度等方面进行分析。

（一）市场因素

经济学理论指出在完全竞争市场下，资源要素能够实现自由流动，当所有企业的边际收益相等时，资源可以实现有效配置。但是完全竞争市场现实中又是不存在的，信息不对称、垄断竞争、外部性等现实因素造成资源有效配置很难实现，从而发生资源错配。

首先是市场机制下信息不对称导致生产单元成本差异，造成资源错配。完全竞争市场假设市场主体具有与它们选择行为有关的所有信息。但是现实中，由于认识能力有限、信息获取需要支付成本，人们不可能知道任何时间任何地点发生的所有事情，同时获取完全信息的成本高昂，限制了人们获得信息的意愿和能力。在信息不完整的情况下，市场价格信息、竞争信息、成本信息、利润信息等并不能时刻真正反映出市场的真实情况，市场机制也就无法实现资源的优化配置。另外，现实中某些经济主体可能为了自身利益，故意制造和传播虚假信息，也导致其他经济主体在获取信息时做了错误决策，市场机制却阻止不了这种情况的发生。由于信息不对称，潜在的异质性企业在进入行业前往往需要事先支付一笔信息收集成本才能了解自身生产率的分布，企业进入后也经常需要在支付一定的运营成本后才能进入生产阶段。一旦企业决策失误或者市场环境的变化使得企业需要调整经营战略时，这些沉没成本就会影响企业后期的进入和退出决策，进而影响资源在整个行业的有效配置（沈春苗和郑江淮，2014）。

信息不对称的直接结果是市场失灵或失效，资源配置难以实现有效配置。信息不对称的情况下，由于一方无法观察到另一方重要的信息或被所拥有的信息误导，做出非最优的选择行为，此时市场上就出现了劣币驱逐良币或劣质品驱逐优质品的现象。同时，当信息不对称的情况下，交易的一方无法观察到另一方所采取的行为，由此所发生的具有私人信息或信息优势的一方疏忽或故意不采取谨慎行动的情况，也会导致市场主体付出过高成本，造成资源错配。

其次是市场机制下垄断势力存在导致资源价格扭曲，造成资源错配。完全竞争市场下，不存在垄断，所有生产单元按照边际收益等于边际成本进行生产，产品价格与边际成本相等，资源配置最优。在垄断情况下，垄断厂商按利润最大化原则进行生产，其产品价格大于其边际成本，而其他厂商的边际收益要小于价格，造成低效率的资源配置。另外，垄断厂商为获得和维持垄断地位从而得到垄断利润的寻租活动，本身就是对资源的一种浪费。因此，垄断存在的情况下，生产者生产的产量不是最大的产量，市场价格不是最低的价格，长期来看，成本也是比完全竞争市场条件下的成本要高，市场需求得不到满足，有限的资源得不到有效配置。不完全竞争市场结构下不同行业或企业垄断势力的不同会导致成本加成定价差异从而影响不同行业或企业边际收益产品对要素价格的偏离，尤其是当行业中进行策略性定价的有限微观主体处于不断串谋和背离的动态博弈过程中，这种扭曲效应会更大（Opp et al.，2014）。

最后是市场机制下外部性存在及扩散引起市场失灵，造成资源错配。外部性是一个行为主体，没有通过价格给另一个行为主体带来成本或收益的经济现象，外部性在现实经济中是普遍存在的。如果经济活动中出现外部经济时，由于外部经济的某种影响没有通过市场机制的作用而内在化，当事人不必承担负外部性造成的损失，也无法从正外部性中获得回报，便导致负外部性行为扩散（生产过多）、正外部性行为收缩（生产不足）。从边际生产成本与收益来看，负外部性存在生产均衡时，当事人边际生产成本要小于边际社会生产成本，边际收益大于边际社会收益，负外部性的制造者将持续增强这种生产行为，造成社会福利恶化，资源低效配置。当正外部性存在生产均衡时，当事人边际成本与边际社会成本一致，但当事人的边际收益要小于边际社会收益，当事人便会减少此种行为，社会需求得不到满足，造成资源错配。

（二）政府因素

政府因素是指在资源配置中，政府的干预不当或政策偏向会扭曲要素价格信号、影响投资决策，进而造成资源错配。政府的干预或政策偏向不当主要指两个方面：干预不足和干预过度。市场失灵的存在，为政府干预资源配置提供了合理的理由和必要性。政府进行资源配置，以公共利益为目标，注重区域公平，兼顾效率。但是在现实中，政府往往过度追求公平，政策或措施向部分地区倾斜，影响资本、劳动等要素在市场上的自由流动，造成区域发展之间的不充分竞争，短期资源配置低效。长期来看，也不利于社会整体效率和福利的提升。同时，政府也存在能力有限的问题，面对复杂多变的微观主体，决策者很难准确把握各参与主体的意愿与行为，干预手段与政策措施与个体行为不匹配，资源要素流动不充分、利用不充分，造成资源错配。

政府因素影响资源错配具有明显的经济特性。与市场化程度较高的国家相比，处于转型阶段的发展中国家，地方政府参与资源配置的意愿更强、范围更广、方式也更为多样。这是因为发展中国家，法制建设滞后、市场机制不健全、市场主体弱小，难以有效地发挥市场机制在资源配置中的基础作用。地方政府作为资源配置的主导者，通过政府的行政力量充当市场缔造者，参与经济调控。政府的寻租行为、能力限制、政策偏向等现实因素导致资源错配真实发生。诸如对市场准入门槛、市场主体行为、交易规则，甚至要素价格与成本等进行规定与调控，将资源价格信号传递给市场，引起资源价格扭曲，必然阻碍要素的自由流动和企业的自由进出，不可避免地带来道德风险、效率损失与资源配置扭曲。

（三）制度因素

制度安排是影响资源配置的重要因素。制度安排首先影响甚至决定了一个地区或者国家的经济体制。在私有制国家和公有制国家，资源配置效率存在显著的区别。一般来说，私有制国家市场机制更为健全，以市场配置机制为主导，政府错配程度较轻，而在公有制国家，往往由政府主导资源配置，市场发育相对滞后，政府错配更易发生。最典型的制度安排如发展中国家普遍存在的针对特定市场（对产业关联性大的行业的政策偏向）和特定主体（对国有企业和正规部门的政策偏向）实施的有选择性的资金信贷配给政策，以及为保证信贷政策有效实施而配套出台的限制企业自由进入的产业政策、经济政策等，这种内含了政府偏向的制度安排往往会导致一部分高效率的非国有企业要么无法获得足够的资金支持，要么被人为地排斥在一些存在高额垄断利润的行业之外（沈春苗和郑江淮，2014）。可见，制度缺陷或障碍会带来资源错配。

在制度设计与安排中，制度本身可能并无优劣性，关键在于是否符合地区或国家社会经济需求。因此，制度安排可能并不是导致资源错配的唯一原因，制度执行效率与实施绩效也对资源配置效率有着重要影响。这是因为制度执行效率与实施绩效确是资源配置的直观体现，这可以从"同样的制度安排在不同国家或地区得到不同的效果"的现象中得到印证。在制度实施过程中，可能由于市场因素、政府执行或个人逐利行为或者外部力量的作用，导致制度得不到很好的实施，甚至被错误执行，偏离原有制度设计目标，造成制度实施目标与预期目标不一致。如我国的土地制度，是基于我国基本国情的制度设计，但是在土地资源配置、用途管制、土地规划等制度实施过程中，中央、地方、集体、企业、个人等主体利益难以协调统一，土地违法、过度开发、负外部性、低效利用、区域非均衡等问题频现，土地资源错配现象突出。

由上述分析和特征事实可知，造成资源错配、市场错配、政府错配以及制度错配等成因并不总是独立地发挥作用，很多时候这些因素相互交织，共同作用，对资源配置效率造成影响。比如国内外学者普遍关注的金融摩擦，便是多种因素共同作用造成的资源错配：一是由于在市场机制下，信息不对称会导致中小企业获取信息难度大、收集信息成本高，小企业贷款前期评估风险大，贷款后期管理成本高，相对于收益而言借贷成本普遍较高，融资困难；二是政府或信贷部门倾向性的制度或政策措施，使得中小企业融资更为困难，导致社会资金配置低效。这一现象在发展中国家表现得尤为突出。在国有企业的制度安排下，银行基于国企预算软约束特征，倾向于不加甄别地把资金贷给国有部门，而一些生产效率较高、发展前景较好的中小型非国有企业因为无法得到足够的资金支持而失去对设备升级换代或采用新技术的机会（沈春苗和郑江淮，2014）。

四、资源错配的衡量

在现实研究中，为了更好地判别和衡量资源错配，学者们一般采取两种途径来描述资源错配程度。一是选取经济发展国家作为基准，假设资源配置达到理想状态，不发达国家相对发达国家经济效率损失的更为严重的部分，即可认为是资源错配。损失的越多，资源错配就越严重。二是将衡量资源错配的变量与可测度的产业结构、政策、制度等变量相关联，假设完全竞争市场下，资产要素价格与现实要素价格进行比较，测度要素价格扭曲程度，进而衡量某种要素价格扭曲导致的经济效率损失（张建华和邹凤明，2015）。同样，经济效率损失的越多，资源错配就越严重。

资源错配的具体测度方法主要有四类。第一类是利用边际产出差异来测度资源错配。如谢和克莱诺（Hsieh & Klenow，2009）将资源的边际回报在截面上不相等造成的资源错配，称之为内涵型错配，并以此为标准构建资源错配测度模型，对中国劳动及资本进行重新配置，发现我国全要素生产率可以提升25%~40%。第二类是利用生产率——份额协方差来测度资源错配。如奥利和派克斯（Olley & Pakes，1996）对某一期的加总生产率进行分解，得到两个分解项：企业平均生产率、企业生产率与市场份额的协方差（OP分解法），分别反映企业生产率分布的变化和市场份额在不同生产率企业之间的重新配置。第三类是利用要素相对生产率来进行资源错配测度。第四类是基于资源错配导致的生产率缺口进行资源错配程度测量。如勃兰特（Brandt，2013）等对谢和克莱诺（Hsieh & Klenow，2009）的分析框架进行了拓展，通过进一步比较最优配置全要素生产率与实际全要素生产率的差异，分别测量了中国要素市场扭曲所导致的国家总全要素生产率与各省全要素生产率损失大小，发现地区之间与地区内部的资源错配起到了同等重要的作用（Brandt et al.，2013）。

第二节　土地资源错配理论

一、土地资源错配内涵

近年来学界越来越意识到，经济发展不仅受土地、资本、劳动力等资源匮乏的影响，更受到稀缺资源的错配问题的影响（Moll，2014；Midrigan & Xu，2014；黄忠华和杜雪君，2014）。土地作为经济建设基本投入要素和自然稀缺资源，土地资源错配已引起国内外学者的关注。由于国外市场土地与资本的替代性良好，土地更多被视作资本要素，被纳入资源错配研究当中。因此，国外直接将土地作为独立生产要素研究土地资源错配问题的文献比较少见，但是国外对资源错配与生产率、资源错配与效率损失等问题的探索是我们研究土地资源错配的基础理论。

我们根据谢（Hsieh，2009）和克莱诺、班纳吉和摩尔（Klenow，Banerjee & Moll，2010）对资源错配的界定，将土地资源错配界定为：土地资源配置偏离有效配置的状态。土地资源最优配置判断标准是土地在部门之间或区域之间的边际收益相等（Hsieh & Klenow，2009），因此土地资源错配表现为不同主体或部门间土地边际产出价值存在差异，导致土地资源配置效率损失。需要说明的是，资源错配分为内涵型错配、外延型错配等，但是由于外延型错配很难去定量测度，因此本书重点探讨资源内涵型错配，土地资源错配内涵亦是依据内涵型错配进行界定。

同样的土地资源错配也包括以下几点内涵：第一，土地资源错配判断标准是土地资源边际收益在截面上是否相等；第二，土地资源边际收益包括了社会收益、经济收益、生态收益等综合性收益；第三，土地资源错配具有区域性，截面单元可大可小，土地资源边际收益应是区域整体收益；第四，土地资源边际收益不仅包括边际产出，还要考虑到边际成本，尤其注意土地资源错配中的公平性与社会性损失。

二、土地资源错配类型

土地资源不同于资本、劳动等要素，土地具有位置固定性和配置公益性，土地资源错配类型相对复杂。按照效率损失类型，可将土地资源错配分为部门错配和空间错配两大类。

土地资源部门错配是土地资源在部门之间配置未能达到帕累托最优而造成的效率损失。按照部门尺度进行划分，又可以将土地资源错配细化为如下类型：土地资源在农业和非农业部门之间的错配，土地资源在第一产业、第二产业、第三产业部门之间的错配，土地资源在不同产业不同行业部门之间的错配等。

土地资源空间错配是由于土地资源边际收益在空间或地区上不相等导致的效率损失。同样按照空间尺度的不同，可以将土地资源错配类型进一步细分。如土地资源在不同省区市之间、地市之间、县区之间的错配。如果考虑到土地资源具有不同的利用类型，如建设用地、农用地等用地类型，土地资源空间错配类型划分将更为复杂。

不同于宏观层面的部门和区域配置，地块尺度上不同产业、企业之间的土地配置也存在边际收益不相等的情况，造成土地价格扭曲，进而导致产业或企业生产效率损失，可称之为地块错配。如工业用地、住宅用地等在不同企业之间的错配。

三、土地资源错配成因

由资源错配成因可知，外部性、市场不完全性和制度安排等因素都会造成资源错配。土地资源具有资源和资产双重属性，是高度分化的资源类型，土地资源配置具有普遍的公益性。一方面，土地资源利用与配置的外部性普遍存在，直接影响到区域资源配置的公平性以及区域发展的均衡性，外部性因素会对土地资源配置造成影响。另一方面，土地资源具有不可移动性和位置固定性，不能像资本、劳动等传统资源一样在市场自由流动，再加上土地市场的城乡分割，土地市场发育滞后于资本与劳动市场，市场不完全性更加明显，影响土地资源有效配置。另外，土地资源利用与管理目前已经成为国家宏观调控的重要工具，土地制度与政策措施中，政府角色不断增加，释放的政府意识更加明显，对资源有效配置也造成影响。可见，影响资源错配的外部性、市场发育、制度安排等因素，均存在于土地资源配置当中，且影响程度更加明显。理论上，外部性、市场发育、制度安排等因素是土地资源错配的重要因素。

（一） 土地市场机制不完全

理论上，完全竞争市场下土地资源要素能够自由流动，不存在资源错配。但实际上，由于垄断存在、要素流动阻碍、市场分割等市场缺陷（Brandt et al.，2013；Schelkle，2010；钱忠好和马凯，2007）以及生产率的异质性（Curuk，2012），土地要素不能以其边际产出（社会角度产出）相等的原则进行配置，区域和部门土地利用效率存在差异，造成资源错配。如前世界银行专家阿兰·柏图（Alain Bertaud，2007）研究了我国城市之间、城市与农村之间土地资源错配问题时，就指出我国土地要素市场扭曲导致了土地资源错配。木村慎吾等（Shingo Kimura et al.，2011）同样基于中国的经验数据，研究得出土地交易费用可引起土地要素市场失灵，引发资源错配，制约土地配置效率提升。我国学者钱忠好和马凯（2007）运用制度经济学理论将我国城乡非农建设用地市场垄断、分割和整合作为不同的制度安排，分别探讨了制度绩效和存在缘由，发现城乡非农建设用地市场分割制度潜伏着效率的损失。

（二） 政府干预不当或政策扭曲

政府干预不当或政策偏向会扭曲要素价格信号和影响投资决策，造成土地资源错配（Restuccia & Rogerson，2013）。土地资源配置可以通过市场机制与政府调控，政府通过政策偏向、规划管制等手段对土地市场进行调控，但由于调控手段不科学以及市场的灵活性等原因，往往出现政府过度干预或纠正不足等政府失灵的情况，将土地扭曲的价格信号和决策传递给土地市场，导致土地资源错配。如谭荣和曲福田（2006）认为我国农地非农化指标的行政配给制度使得指标的空间配置存在着效率损失。钱文荣（2001）对中华人民共和国成立后的历史考察表明，政府逐利行为、行政机构设置等是土地资源供给错配的诱因，政府在弥补市场缺陷（失灵）过程中常会出现失策，有时其损失甚至大于政府干预前市场缺陷所造成的损失。

地方政府的竞争也是土地资源错配的一个重要因素。1994年分税制改革之后，地方政府在竞争压力下，为了招商引资、发展地方经济，倾向于运用土地出让的手段，获取土地财政，造成土地价格扭曲及土地资源错配。如地方政府以低价甚至免费出让土地来吸引投资和项目落地，造成地方产业雷同、地区恶性竞争、产业用地效率不高和产业结构不合理等导致资源配置效率损失。

（三）制度缺陷或障碍

对土地资源配置至关重要的制度是产权制度，产权是效率的基础。科斯定理表明，产权明晰是实现资源市场交易最优配置的必要条件。完整的产权制度能催生保护、集约与节约利用土地的压力和动力机制，进而产生持续性效率，实现资源有效配置（刘成玉，2013）。然而绝对完整和明晰的产权并不存在，产权制度不完善、收益的安全性和稳定性预期下降，将扭曲并阻碍资源有效的配置和交易（Otsuka，2007）。如黄少安等（2005）对1949~1978年中国农业生产效率的实证分析表明，在不同的土地产权制度下，所激励的土地等生产要素投入量不同，土地等要素的利用率和农业总产出也将不同。曲福田和田光明（2011）则直接指出我国农村集体土地产权不清和产权制度的激励约束等功能的缺失，导致农村土地资源配置低效、农民权益受损等问题。国土空间管制同样是影响土地资源配置效率的重要制度，英国、法国、日本、荷兰、韩国等国家陆续进行了全国性的国土空间规划（文兰娇和张晶晶，2015）。然而国土空间管制通过区域发展管制和土地发展强度管制，可能带来负外部性影响，造成管制区土地发展受限（产生外部效益），产权主体利益"暴损"，而在可发展区土地价值升高（产生外部成本），土地使用权主体获得"暴利"（Gardner，1977；Hagman & Misczynski，1978；Thompson，1987），形成所谓的"暴利—暴损困境"

（Barrows & Prenguber，1975），造成资源错配与公平损失。如迪顿等（Deaton et al.，2010）从理论、实证中发现绿带法通过土地用途管制降低了城市周围的农地价值，在绿带周围产生蛙跳效应。当严格的农业土地用途专门管制政策用以降低城市扩张时，可能由于蛙跳效应导致城市扩张得更远（Vyn，2012），产生负面效应。

第三章
土地资源部门错配测度与特征分析

第一节 土地资源两部门配置现状分析

土地资源部门错配中，以农业部门和非农业部门之间的错配最为常见，也最为严重。本章我们将重点探讨土地资源在农业部门和非农业部门之间的配置状况。为方便研究，农业部门主要指第一产业部门，非农部门指第二、第三产业部门，土地资源在农业部门和非农业部门之间的配置，主要指农业用地和建设用地在两部门之间的配置。

一、农用地配置现状

（一）中国农用地配置规模

我们对 1996~2016 年中国农用地配置规模进行分析发现，中国农用地规模呈现明显的减少趋势，农用地在中国东部地区、中部地区、西部地区之间的配置不均衡，配置规模呈现明显空间异质性特征。

首先，中国农用地配置规模呈现明显的减少趋势。从图 3-1 可以看出，我国农用地规模在 1996~2016 年间总体呈下降趋势，且总体下降趋势明显。具体可以将其变化分为三个阶段：第一阶段是 1996~2001 年，此阶段农用地配置规模呈现缓慢下降的趋势；第二阶段是 2002~2008 年，该阶段农用地配置规模也是不断下降的，但是规模相比第一阶段有了较大幅度的提升。主要原因是 2002 年后，我国实行了新的土地利用分类方式，导致统计口径发生了变化，农用地规模变化较大；第三阶段是 2009~2016 年，该阶段农用地规模呈断崖式下降，农用地规模年均下降 0.27%。一方面是因为 2009 年后采用了第二次土地调查数据，统计口径亦发生了微弱变化，另一方面则是由于随着城镇化的推进，农地城市流转面积增加，土地城镇化快速增长，农用地面积减少。无论是分阶段还是总体上来看，农用地规模均呈减少趋势。

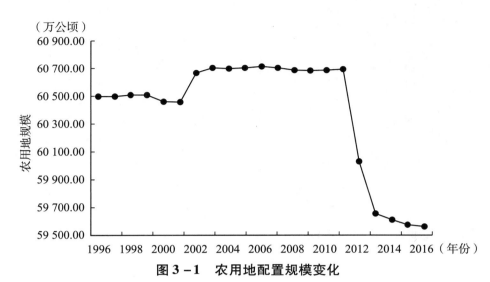

图3-1　农用地配置规模变化

资料来源：根据中国统计年鉴相关数据整理。

　　其次，农用地在中国东部地区、中部地区、西部地区之间的配置不均衡。我国三大区域农用地配置不均衡，主要表现为东部地区、中部地区、西部地区农用地配置规模呈现明显的地域差异。从农用地规模占比来看，1996～2016年全国农用地配置主要集中在西部地区，其次为中部地区，东部地区最少。1996～2016年，东部地区、中部地区、西部地区农用地平均配置规模占比分别为12.70%、19.68%、67.62%，西部地区农用地规模占全国农用地规模的近七成。而东部作为我国农业生产技术高水平区域，农用地规模仅占到一成，农用地配置不均衡性显著（见图3-2）。

　　最后，农用地配置规模呈现明显空间异质性特征。从农用地变化趋势来看，1996～2016年我国东部地区农用地配置规模呈上升趋势，增加了0.57%，年均增长0.03%，增长相对缓慢。我国中部地区农用地规模增长迅速，1996～2016年增加了4.06%，年均增长0.19%。而我国西部地区农用地规模不断下降，减少了3.54%，年均减少0.17%，减少趋势明显。可见，我国近20年来，东部地区和中部地区农用地配置规模呈增长状态，尤其是中部地区作为我国粮食主产区，农用地增加明显，而西部地区虽然农用地规模较大，但是呈现不断减少的状态，三大区域农用地配置时序特征存在显著差异（见图3-3）。

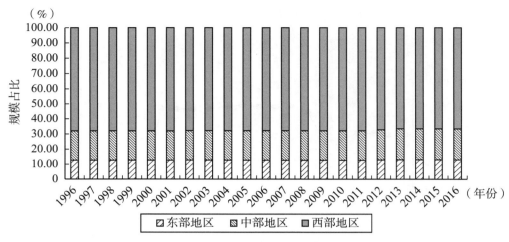

图 3 − 2　农用地配置规模占比

资料来源：根据中国统计年鉴相关数据计算。

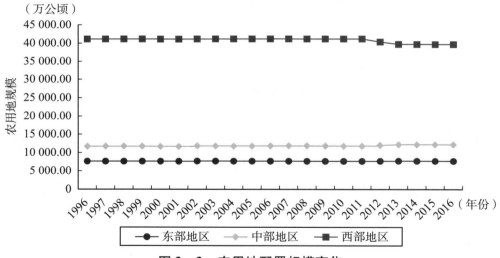

图 3 − 3　农用地配置规模变化

资料来源：根据中国统计年鉴相关数据整理。

（二）中国农用地产出效益

运用单位面积农用地产出价值表示农用地产出效益，其中农用地产出价值用第一产业产值表示。可以发现我国农用地产出效益存在以下特征：

第一，我国农用地产出效益持续增长。从全国层面来看，1996～2016 年我国农用地产出效益由 0.23 亿元/万公顷增加到 1.07 亿元/万公顷，增加了 3.58

倍，年均增长 17.06%，增长趋势显著。从分地区来看，1996～2016 年，我国东部地区农用地产出效益由 0.756 亿元/万公顷增加到 3.135 亿元/万公顷，增长了 314.45%，年均增长幅度达到 14.97%。我国中部地区农用地产出效益由 0.427 亿元/万公顷增加到 1.717 亿元/万公顷，增长了 301.70%，年均增长幅度达到 14.37%，与东部地区增幅相似。西部地区农用地产出效益由 0.081 亿元/万公顷增加到 0.469 亿元/万公顷，增长了近 5 倍，年均增长幅度达到 22.93%，增长速度最快。可见，1996～2016 年我国农用地产出效益均呈现明显的增长趋势，农用地产出能力不断提升（见图 3-4）。

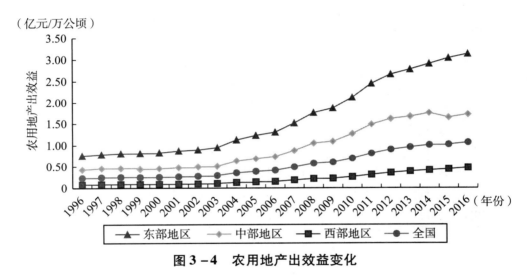

图 3-4　农用地产出效益变化

资料来源：根据中国统计年鉴相关数据计算。

　　第二，我国农用地产出效益区域差异显著。从表 3-1 可知，我国东部、中部、西部三大区域农用地产出效益呈现明显的差异性，其中东部地区产出效益最高、中部其次、西部最低。东部地区产出效益是中部地区的近 2 倍，是西部地区的近 10 倍，表明三大区域在产出效益上差距悬殊。在产出效益变化趋势上，也存在明显的差异。虽然我国三大区域农用地产出效益均呈现增长状态，但是三大区域之间，西部增长速度明显快于东部和中部地区，农用地产出效益变化也存在区域差异。

表 3 - 1   1996～2016 年中国农用地产出效益   单位：亿元/万公顷

年份	全国 （不含港澳台地区）	东部地区	中部地区	西部地区
1996	0.233	0.756	0.427	0.081
1997	0.247	0.786	0.455	0.087
1998	0.252	0.808	0.460	0.090
1999	0.248	0.814	0.441	0.088
2000	0.253	0.827	0.451	0.090
2001	0.265	0.870	0.474	0.093
2002	0.276	0.894	0.492	0.098
2003	0.292	0.949	0.506	0.108
2004	0.354	1.126	0.631	0.130
2005	0.386	1.229	0.683	0.144
2006	0.412	1.303	0.734	0.153
2007	0.489	1.514	0.878	0.186
2008	0.573	1.753	1.050	0.216
2009	0.600	1.863	1.091	0.223
2010	0.691	2.120	1.264	0.260
2011	0.809	2.451	1.482	0.310
2012	0.902	2.663	1.615	0.354
2013	0.959	2.778	1.666	0.388
2014	1.010	2.908	1.749	0.414
2015	1.021	3.040	1.646	0.438
2016	1.069	3.135	1.717	0.469

资料来源：本书根据中国统计年鉴相关数据计算。

二、建设用地配置现状

（一）中国建设用地配置规模

统计年鉴数据显示，1996～2016 年，我国建设用地面积总体呈上升趋势。

1996 年我国建设用地规模为 3 547 万公顷，约占全国已利用面积的 2.9%，2016 年上升到 3 910 万公顷，约占全国已利用面积的 3%，建设用地平均增长了 10.21%。具体来看，1996～2001 年，我国建设用地缓慢上升，平均增长了 2.65%。2002～2016 年，我国建设用地配置规模增加趋势明显，平均增长了 27.25%。这一增长说明，我国建设用地在 2002 年之后出现了规模扩张，主要推动力是我国社会经济快速发展和城镇化进程加快。由于统计口径和土地利用现状分类体系的调整，两个阶段出现了较大波动，具体如图 3-5 所示。

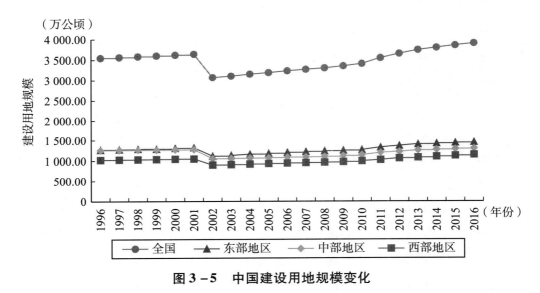

图 3-5 中国建设用地规模变化

资料来源：根据中国统计年鉴相关数据整理。

从地区配置规模看，我国三大区域建设用地配置总量相对均衡，但从用地规模占比来看，三大区域建设用地配置悬殊。用三大区域建设用地规模占全国建设用地规模的比例表示相对占比，可以发现，我国东部地区、中部地区、西部地区绝对占比相对均衡。具体来说，1996～2016 年，东部地区建设用地相对占比稍高，平均占比达到 36.81%，中部地区次之，建设用地平均占比达到 34.06%，西部地区建设用地相对占比稍低，但也接近 30%。用三大区域建设用地规模占本地区土地面积的比值来表示绝对占比，可以看出我国东部地区建设用地绝对占比最高，达到 14.32%，其次为中部地区的 9.08%，西部地区仅为 2.43%，三大区域建设用地绝对占比差距悬殊，东部地区为建设用地配置高密度区，西部地区为建设用地配置低密度区见表3-2。

表3-2　　　　　　　　　中国建设用地规模占比　　　　　　单位：%

年份	相对占比			绝对占比		
	东部地区	中部地区	西部地区	东部地区	中部地区	西部地区
1996	35.74	35.40	28.86	14.22	9.67	2.43
1997	35.81	35.33	28.87	14.31	9.70	2.44
1998	35.92	35.22	28.86	14.41	9.72	2.45
1999	35.73	35.12	28.85	14.41	9.74	2.46
2000	36.11	35.01	28.88	14.61	9.76	2.48
2001	36.23	34.91	28.85	14.73	9.79	2.49
2002	36.32	34.29	29.39	12.66	8.18	2.15
2003	36.47	34.16	29.37	12.83	8.23	2.17
2004	36.80	33.88	29.33	13.13	8.28	2.20
2005	36.97	33.68	29.35	13.32	8.33	2.22
2006	37.16	33.57	29.27	13.54	8.40	2.25
2007	37.34	33.44	29.22	13.74	8.46	2.27
2008	37.46	33.33	29.21	13.91	8.51	2.29
2009	37.36	33.47	29.17	14.06	8.66	2.32
2010	37.17	33.55	29.28	14.20	8.82	2.37
2011	37.42	33.69	28.89	14.78	9.18	2.43
2012	37.41	33.45	29.13	15.10	9.25	2.57
2013	37.55	33.57	28.88	15.41	9.32	2.65
2014	37.46	33.49	29.05	15.60	9.44	2.71
2015	37.38	33.41	29.21	15.78	9.55	2.76
2016	37.30	33.30	29.39	15.94	9.64	2.81

资料来源：根据中国统计年鉴相关数据计算。

从建设用地规模变化趋势来看，我国东部、中部、西部地区建设用地规模配置有着明显的倾向性。1996～2016 年，我国东部、中部、西部地区建设用地配置规模是显著增加的，分别增加了 15.04%、3.68%、12.25%。东部地区作为我国经济中心，社会经济发展迅速，建设用地需求较大，用地供给增加。中部地区虽然人口密度较大，但是多为农业大省，农用地保护责任重大，建设用地供应以保护农业生产为主，建设用地供给受限。西部地区属于后发地区，为促进西部社会经济发展，政府采取支持地区发展的土地政策，倾向性明显，西部地区建设用地配置规模增长也较快。

（二）中国建设用地产出效益

我们用单位面积建设用地产出强度来表示建设用地产出效益，可以得到表 3－3。从中可以看出，我国建设用地产出效益是持续增加的。1996～2016 年，我国建设用地产出效益从 15.92 亿元/万公顷增加到 183.25 亿元/万公顷，增长了 11.51 倍，年均增长 13.22%。分区域来看，东部、中部、西部地区建设用地也是持续增加的，分别从 25.62 亿元/万公顷、11.83 亿元/万公顷、8.91 亿元/万公顷，增加到 279.99 亿元/万公顷、130.45 亿元/万公顷、120.28 亿元/万公顷，年均增长率分别为 12.88%、13.19%、14.09%。

表 3－3　　　　　　　**中国建设用地产出效益**　　　　单位：亿元/万公顷

年份	全国	东部地区	中部地区	西部地区
1996	15.92	25.62	11.83	8.91
1997	18.14	29.20	13.55	10.02
1998	19.78	31.80	14.81	10.89
1999	21.40	34.66	16.02	11.73
2000	24.12	39.07	17.89	12.98
2001	26.70	43.19	19.76	14.39
2002	35.49	57.63	26.40	18.75
2003	41.03	66.79	30.41	21.41
2004	48.47	78.25	36.00	25.50
2005	57.55	92.47	43.17	30.07

年份	全国	东部地区	中部地区	西部地区
2006	67.12	106.85	50.34	35.93
2007	80.05	125.71	61.08	43.43
2008	95.10	145.90	74.64	53.33
2009	103.39	157.67	81.38	59.13
2010	122.45	184.77	98.49	70.80
2011	141.17	206.82	116.26	85.21
2012	151.73	219.64	126.44	93.56
2013	163.50	235.00	135.62	102.95
2014	174.43	250.11	145.54	110.14
2015	167.92	252.60	120.99	113.22
2016	183.25	279.99	130.45	120.28

资料来源：根据中国统计年鉴相关数据计算。

我国建设用地产出效益的区域性差异显著，主要表现为东部、中部、西部地区建设用地产出效益和产出变化速度差异明显。东部地区建设用地产出效益显著高于中西部地区，尤其是西部地区平均产出效益不到东部地区的一半。在各区域建设用地配置相对均衡的状态下，建设用地产出效益差异悬殊，无疑会造成部分地区土地产出不足，资源配置效率不高。从产出效益变化速度上也可以发现，虽然三大区域建设用地产出效益均在持续增加，但是西部地区增长速率明显快于东部和中部地区，持续加大西部地区建设用地产出，有助于缩小区域差异。

第二节　土地资源部门配置问题分析

根据土地资源部门配置现状分析，以及实地走访调研可知，我国土地资源在农业部门和非农业部门之间配置存在部门收益差异大、建设用地规模无序扩张、农用地规模持续缩减、部门配置政策不匹配、部门配置标准不合理等问题。

一、部门收益差异大

我国土地资源在农业部门和非农业部门的产出能力悬殊，部门收益差异显著。我们将建设用地产出效益与农用地产出效益之比来表示部门收益差。从表 3 - 4 可以看出，1996 年全国建设用地产出效益是农用地产出效益的 68.22 倍。2016 年，全国建设用地产出效益是农用地产出效益的 171.44 倍。这说明我国非农部门土地收益要远远大于农业部门土地收益。同时从变化趋势来看，部门收益差还将持续扩大。三大区域建设用地产出效益与农用地产出效益之比同样悬殊，尤其是西部地区，非农部门土地产出与农业部门土地产出尤为悬殊。因此，缩小部门收益差、促进土地产出均衡增加是新时代土地资源配置必须要解决的问题。

表 3 - 4　　　　　　　　　　土地资源部门收益比值

年份	全国	东部地区	中部地区	西部地区
1996	68.22	33.87	27.67	110.43
1997	73.46	37.17	29.74	114.79
1998	78.43	39.33	32.23	121.30
1999	86.17	42.57	36.37	132.73
2000	95.25	47.22	39.64	144.11
2001	100.82	49.64	41.71	154.87
2002	128.73	64.46	53.64	191.55
2003	140.53	70.37	60.14	198.75
2004	137.07	69.50	57.08	196.31
2005	149.05	75.26	63.22	209.28
2006	162.99	82.02	68.58	234.82

年份	全国	东部地区	中部地区	西部地区
2007	163.86	83.06	69.56	233.90
2008	166.00	83.21	71.12	246.61
2009	172.40	84.63	74.58	264.72
2010	177.32	87.18	77.89	272.65
2011	174.52	84.39	78.45	274.98
2012	168.26	82.49	78.29	264.14
2013	170.41	84.58	81.39	265.34
2014	172.69	86.02	83.21	266.02
2015	164.39	83.10	73.51	258.71
2016	171.44	89.31	75.97	256.39

资料来源：根据中国统计年鉴相关数据计算。

二、建设用地无序扩张

国土资源数据显示，2015 年，我国城市建设用地面积为 5.15 万平方公里，占据了国土面积的 5.35%。[①] 由图 3 – 6 可知，2003 ~ 2015 年，我国城市建设用地总面积呈现出不断增长的趋势，从 2003 年的 2.33 万平方公里增长到了 2015 年的 5.15 万平方公里，新增面积为 2.82 万平方公里，增长幅度达到了 121.09%，年均增长率为 6.84%。2003 ~ 2006 年，我国城市建设用地扩张速度较快，年均增长率达到了 14.29%，2006 ~ 2015 年，年均增长率放缓为 4.69%。以 2006 年为拐点，我国建设用地规模不断增加，增长幅度不断波动，扩张速度经历了由快到慢，最后趋于稳定的过程。

---

① 中华人民共和国国土资源部. 中国国土资源统计年鉴 [M]. 北京：地质出版社 2016.

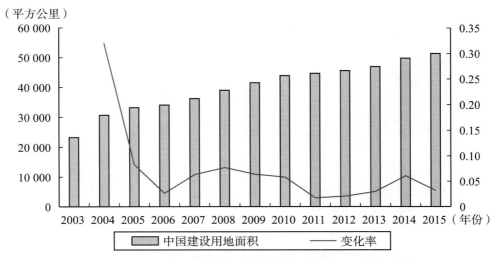

（平方公里）

图 3 - 6　2003 ~ 2015 年中国建设用地面积及变化率

资料来源：根据中国国土资源统计年鉴相关数据整理与计算。

　　伴随着建设用地的快速扩张，我国耕地面积也产生了较大变动。数据显示①，2003 年我国耕地面积为 1.23×10^4 万公顷，通过我国耕地补充工作的推进与农业结构的调整，到 2015 年耕地面积增长到了 1.35×10^4 万公顷。虽然耕地总面积有所上升，但耕地保护的任务仍然不能懈怠。2015 年，全国生态退耕面积达到了 2.47 万公顷，农业结构的调整使耕地面积减少了 2.62 万公顷。不仅如此，建设用地占用耕地的情况仍不容乐观，由图 3 - 7 可知，2003 ~ 2015 年，建设用地占用耕地面积呈逐渐扩大的趋势，且规模庞大，建设用地占用耕地面积的年均值达到了 26.36 万公顷。且随着经济社会的不断发展、产业结构的调整，2008 年以后，建设用地占用耕地的面积呈现出更加扩大的趋势。

三、农用地持续缩减

　　农用地包括耕地、林地、草地、园地等用地类型，具有输出农产品和生态产品、保障粮食安全、吸纳农村劳动力、维护社会稳定、保护环境、涵养水源

---

① 资料来源于《中国国土资源统计年鉴》。

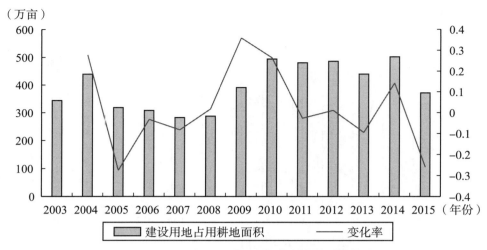

图 3 – 7   2003～2015 年中国建设用地占用耕地面积及变化率

资料来源：根据中国国土资源统计年鉴相关数据整理计算。

等多种功能。随着我国城镇化进程的不断推进以及经济社会的快速发展，国家各项建设项目增多，建设用地需求随之增加。地方政府为发展经济、吸引投资，加大土地供给，建设用地占用农用地现象十分普遍。据统计，2001～2008 年全国耕地净减少 365.73 万公顷，年均减少 45.72 万公顷。其中，8 年间建设占用耕地 150.7 万公顷。

我国农用地规模减少趋势仍在持续，尤其是第二次土地调查之后，农用地规模下降趋势加速。其主要原因是在快速城镇化进程中，非农部门对建设用地的需求增加，同时农业部门土地边际产出较低，在比较优势的作用下，农地城市流转加速，大量农用地转用为建设用地，农用地保有压力持续增加。农用地规模缩减带来最直接的影响是粮食安全问题。耕地规模下降是农用地规模缩减的主要表现，耕地数量减少降低了农业播种面积，造成粮食生产能力下降。农用地规模缩减不可避免带来负外部性，如环境恶化、生态破坏、农产品和生态产品输出能力下降。农用地缩减的主要去向是建设用地，高强度、高密度的土地开发，未充分考虑到地区土地生态承载能力，往往会对生态系统造成不可逆的破坏。

四、部门配置政策普适性强

土地资源是一种高度分化的资源类型，土地资源存在明显空间差异性。不同地区土地利用效率、开发强度、土地利用标准、用地结构、土地配置规模存在较大差异。如果用统一的模式或标准去管理，必然导致高强度开发与低效闲置现象并存，不利于区域土地利用总体效益的提升。如国家土地督察公告显示，截至 2019 年 9 月，近五年内，我国存在批而未供土地 86.73 万公顷、闲置土地 7.02 万公顷①，这种低效土地利用方式造成城市蔓延式扩张导致城市边界难以确定，侵吞周边农地乃至耕地，加大了耕地保护的难度；而在部分省份，土地开发强度大，建设用地总量接近区域行政面积的 30%。这种开发强度过高与土地低效粗放利用乃至闲置共存的用地方式造成了建设用地整体效率不高的后果，也间接拉大了区域经济发展的差距。我国长期实行的普适性土地管理模式，忽视了区域比较优势，导致区域发展失衡。

现行的用地管控措施主要受土地利用规划和土地利用年度计划的约束，新增建设用地指标下达偏重于经济指标，而经济指标多与区域经济发展水平呈正相关关系，最终导致经济越发达的地区分配指标越多，经济欠发达地区分配指标越少。建设用地其他管控措施如节约集约用地的评价体系和考核机制不够健全，没有综合考虑区域经济社会发展、生态环境约束以及区域资源禀赋，土地督察中对出现违规审批建设用地未纳入计划指标管理之中，指标分配出现"重效率，轻公平"和"一刀切"的特征，同时，用地指标市场化配置还处于起步阶段，指标跨区域调配机制还不够完善，市场在土地资源配置没有发挥应有的作用（马晓妍等，2017）。

五、部门配置标准不合理

区域社会经济发展阶段不同，对土地资源的依赖性不同，用地需求也存在

---

① 资料来源于国家土地督察公告 2015 年第 1 号，http：//finance. sina. com. cn/china/20150429/104822072594. shtml。

差异。然而，当前土地资源配置的方式，并没有充分考虑地区用地的真实需求和资源禀赋，导致部门配置标准不合理，针对性不足。当前土地资源部门配置的主要原则是农业用地配置确保农业部门正常生产，保护农用地、保障粮食安全。非农业部门配置过度追求经济效益。无论是农业部门配置还是非农业部门配置，农用地的非市场价值、建设用地的负外部性均考虑不足，导致农用地尤其是耕地保护压力持续增大，建设用地过度开发，土壤恶化、生态破坏、污染排放、地质灾害等负外部性频现。

农用地配置不仅要考虑到农业用地的经济产出效益，还必须要考虑农业用地在保障粮食安全、维护社会安全、提供生态服务等方面的社会生态效益。建设用地配置除考虑建设用地经济产出效益之外，还应将建设用地利用产生的能源排放、污染等负外部性纳入土地使用成本中，切实控制建设用地负外部性的发生和扩散。

第三节　土地资源部门错配测度模型构建

一、土地资源部门错配界定

根据土地资源错配理论，土地资源错配包括土地资源部门错配、空间错配、地块错配等类型。为方便定量探讨土地资源错配问题，我们需要界定土地资源错配标准。现有土地资源错配衡量一般默认土地市场机制配置是完全有效的，政府参与的土地资源配置是相对无效的，进而将政府主导的土地资源配置行为作为土地资源错配的衡量标准。很明显这种衡量标准是不科学的。首先，市场机制并不是有效的，市场也会失灵，同时完全竞争性市场也是现实中难以存在的。其次，土地资源作为基础资源，具有很强的公益性，土地资源配置与经济建设、社会发展、城镇化进程、产业布局等密切相关，土地资源配置并不能只关注效率，还要兼顾公平，这是市场不能兼顾的。最后，土地资源错配不仅要考虑政府主导配置时发生的错配，还要考虑到市场配置时发生的错配。因此，土地资源错配是市场机制和政府主导配置共同作用的结果，衡量土地资源错配必须考虑到这个问题。

土地资源部门错配是指土地资源在不同部门之间配置偏离有效配置的状态。如何界定土地资源部门错配？我们基于上述分析，考虑政府错配和市场错配双重作用，采用土地资源部门实际配置量与最优配置量的比值来衡量土地资源部门错配。比值越大说明土地资源部门错配程度越高。

二、土地资源部门错配模型

假设一个区域有农业部和非农业部两个部门，资本、劳动力、土地及全要素生产率决定了区域产出。农用地具有确保粮食安全、维护社会稳定、提供生态景观价值的功能，具有正外部性（Dean & Robert，1998；钱忠好，2003），建设用地与经济社会发展、城镇化建设、产业结构调整布局等人类活动密切相关，是能源消费、污染排放的主要载体，具有负外部性（Parker，2007）。土地资源部门配置过程中，必须要考虑土地利用的外部性及其扩散影响。因此，我们将外部性纳入土地资源边际回报中去，区域总产出函数可表示为：

$$Y = F_1(A_1, K_1, L_1, S_1,) + E_1(S_1) + F_2(A_2, K_2, L_2, S_2,) - E_2(S_2) \qquad (3-1)$$

式（3-1）中，Y 表示区域总产出，L 表示劳动规模，K 表示资本存量，S 表示土地规模，A 表示技术水平，E 表示外部性收益，1 和 2 表示农业部门和非农业部门。

按照土地资源错配理论，当土地资源部门最优配置时，土地边际产出在截面上相等，即土地资源边际产出在部门之间应是相等的。数学表达式为：

$$MPS_1 = \frac{\partial(F_1)}{\partial S_1} + \frac{\partial(E_1)}{\partial S_1} = MPS_2 = \frac{\partial(F_2)}{\partial S_2} - \frac{\partial(E_2)}{\partial S_2} \qquad (3-2)$$

式（3-2）中，MPS_1、MPS_2 分别表示农业部门和非农业部门的土地边际产出。假设土地资源最优配置时，农用地最优规模为 S^*，实际农用地规模为 S_1，则非农用地最优规模为 $S - S^*$。由此可以表示出土地资源在农业部门和非农业部门之间的土地资源错配程度。

农业部门中农用地错配程度（ASD）可表示为：

$$ASD = (S_1 - S^*)/S^* \qquad (3-3)$$

非农部门中建设用地错配程度（CSD）可表示为：

$$CSD = (S^* - S_1)/(S - S^*) \qquad (3-4)$$

当土地资源部门错配程度为正，说明土地资源实际配置量大于土地资源最优配置量，土地资源存在过度错配；当土地资源部门错配程度为负，说明土地资源实际配置量小于土地资源最优配置量，土地资源存在短缺错配。

第四节　土地资源部门错配测度

一、模型形式与变量设置

（一）模型形式设定

柯布—道格拉斯生产函数（C－D 生产函数）由于具有形式简洁、计算方便、性质稳定等优点，被广泛运用于技术经济和数量经济分析之中。C－D 生产函数不仅可以用来表示非农部门各投入要素与产出之间的关系，也能很好地解释农业部门各要素及其产出关系。

我们假设土地为独立生产要素。在农业部门，农用地作为主要的土地投入要素为农业生产提供基础生产资料，在非农业部门，建设用地作为主要的土地投入要素为非农生产提供生产空间与载体。由此，便可以将土地与资本、劳动等要素一同纳入区域产出函数之中，进而构建拓展的 C－D 生产函数作为区域产出函数形式，则部门总产出函数可表示为：

$$Y = A_1 L_1^{\alpha_1} K_1^{\beta_1} S_1^{\gamma_1} + E(S_1) + A_2 L_2^{\alpha_2} K_2^{\beta_2} S_2^{\gamma_2} - E(S_2) \qquad (3-5)$$

式（3-5）中，α_1、β_1、γ_1、α_2、β_2、γ_2 分别表示农业部门和非农业部门的资本要素、劳动要素、土地要素的产出弹性，Y 表示区域农业部门和非农业部门产出之和，其他变量含义同上。

（二）变量设置

生产函数变量设置中，资本要素投入量我们采用资本存量来衡量。资本存量采用永续盘存法计算，计算方法、折旧率参考单豪杰文献（单豪杰，2008），当年投资额分别用第一产业固定资产投资和第二、第三产业固定资产投资表示，单位均为亿元，并调整为 1996 年为基期的可比价。劳动要素投入量采用从业人员数量表示。农业部门和非农业部门劳动要素投入量分别采用第一产业从业人员和第二、第三产业从业人员表示，单位为万人。土地要素投入量采用土地规模表示，农业部门土地投入量和非农业部门土地投入量分别采用农用地面积和建设用地面积表示，单位为万公顷。

外部性变量设置中，农用地外部性采用生态系统服务价值表示（Robert et al.，1997；谢高地等，2015），谢高地等（2008）在罗伯特·考斯坦萨等（Robert Costanza et al.，1997）提出的全球自然生态系统服务价值评价的基础上，运用当量因子法给出了中国森林、草地、农田等不同类型生态系统服务价值当量表和生态服务价值系数表，并得到了大量实践运用。具体来是用单位面积生态系统服务价值与农用地面积乘积估算，建设用地外部性采用单位面积污染治理投资额表示。土地资源边际外部性计算公式如下：

$$W_1 = \frac{\partial(E_1)}{\partial S_1} = S_j G_j / S_1 \tag{3-6}$$

$$W_2 = \frac{\partial(E_2)}{\partial S_2} = C_k / S_2 \tag{3-7}$$

式（3-6）和式（3-7）中，W_1、W_2 分别表示农用地和建设用地的边际外部性产出，S_j、G_j 分别表示各类农用地面积、生态服务价值系数，其中农用地主要包括耕地、林地、园地和草地四种类型，生态服务价值系数采用中国生态学家谢高地 2007 年研究成果[1]，农田、森林、草地生态服务价值系数分别为

---

[1]　谢高地等在考斯坦萨（Costanza）等研究基础上，运用单位面积价值当量因子方法构建了中国生态服务价值表，测算了中国森林、草地、农田等不同用地类型生态服务价值和单位面积生态服务价值。

3 547.89 元/公顷、12 628.69 元/公顷、5 241.00 元/公顷。将耕地、林地、草地分别对应农田、森林和草地的生态服务价值，园地取林地和草地生态服务价值的平均值，同时考虑到生态服务价值的动态变化，以 2007 年为基准，依据农产品价格指数对 1996～2015 年农业用地生态服务价值修正。C_k 为环境治理投资额，其他符号同上。我们将中国 31 个省份分为东部、中部、西部作为三个区域，土地资源空间错配仅考虑建设用地在三个区域的错配及效益损失。

二、研究数据来源与处理

本书地区生产总值、固定资产投资、从业人员、农产品价格指数、污染治理投资额等数据主要来自《中国统计年鉴》（1997～2016 年）和各省份统计年鉴。土地数据来自《中国统计年鉴》（1997～2016 年）和国土部门相关统计数据。由于土地数据统计口径的变化，统计年鉴中个别年份土地数据没有及时更新，我们运用趋势外推法进行估算，并以各省份土地利用总体规划中的规划期末控制数据作为标准进行验证与校对。为便于研究，将中国 31 个省份分为东部、中部、西部三大区域[①]。

三、土地资源部门错配测算

（一）生产函数模型估计结果

估算土地资源最优配置规模的前提是估计区域生产函数，刻画劳动、资本、土地等要素与产出之间的关系。考虑土地农业部门的正外部性和非农业部门的负外部性，我们以 1996～2015 年中国 31 个省份的资本、劳动、土地、产出为样本建立面板数据模型，运用 Eviews 9.0 对全国、东部、中部、西部地区生产函数

---

① 东部地区包括北京、天津、河北、辽宁、上海、江苏、浙江、福建、山东、广东、海南 11 个省份；中部地区包括山西、吉林、黑龙江、安徽、江西、河南、湖北、湖南 8 个省份；西部地区包括内蒙古、广西、重庆、四川、贵州、云南、西藏、陕西、甘肃、青海、宁夏、新疆 12 个省份。

进行估计。首先，对模型形式进行检验。模型影响形式似然比检验结果显示在1%的置信水平下均接受原假设，即引入的固定效应是合适的。其次，从实际问题来看。模型仅就样本自身效应为条件，即以中国省际数据资料进行研究，不进行外推，选择固定效应模型是合适的。为减少异方差和相关性影响，选用EGLS方法进行估计，生产函数估计结果见表3－5。

表3－5　　　　　　　　　　生产函数估计结果

估算系数	农业部门				非农业部门			
	全国	东部地区	中部地区	西部地区	全国	东部地区	中部地区	西部地区
资本 α	0.216 *** (5.823)	0.208 *** (18.294)	0.208 *** (44.969)	0.229 *** (13.648)	0.502 *** (78.169)	0.432 *** (27.238)	0.516 *** (54.201)	0.536 *** (52.041)
劳动 β	− 0.112 *** (− 4.102)	− 0.209 *** (− 8.791)	− 0.391 ** (− 6.314)	0.169 ** (2.411)	0.578 *** (16.442)	0.961 *** (12.219)	0.456 *** (7.489)	0.245 *** (5.191)
土地 γ	0.241 ** (2.501)	0.897 *** (9.664)	0.320 (0.793)	0.306 * (1.979)	0.182 *** (4.590)	0.174 * (1.863)	0.135 *** (2.446)	0.131 *** (2.345)
常数项 C	3.956 *** (5.823)	0.872 (1.591)	5.887 (1.877)	0.984 (0.800)	− 0.967 *** (− 4.477)	− 2.810 *** (− 6.493)	− 0.117 (− 0.298)	0.918 *** (3.224)
F 统计量	3 769.084	3 527.24	1 579.24	3 821.05	3 351.93	1 713.00	2 652.13	2 514.17
可决系数 R²	0.995	0.996	0.991	0.996	0.994	0.990	0.994	0.993

注：*、**、*** 分别表示在10%、5%、1%的水平下显著，括号内为 T 统计量。
资料来源：根据中国统计年鉴等相关指标数据估算得到。

由表3－5可知，在农业部门，农用地对地区总产出的弹性要大于资本和劳动，表明农用地依然是农业生产中的基础生产资料。劳动要素在农业部门的产出弹性为负，说明我国农业部门劳动力依然存在剩余，农业剩余劳动力转移依然是人力资源优化配置的关键，我国劳动要素城乡配置效率亟待优化。在非农业部门，各生产要素都发挥了重要作用，但也表现出了地区差异。全国和东部地区劳动要素产出弹性最大，中西部地区资本产出弹性较大，土地要素产出弹性由东向西依次减小。这一差异性结果说明中国非农经济欠发达的地区劳动和资本发挥着更大作用，非农经济发达地区经济增长对土地要素投入有较强的依赖性。同时，在非农经济发展中，经济增长对资本、劳动等要素投入的依赖性要大于土地要素，城市用地规模扩张要与资本、劳动要素的投入相匹配。

（二）土地资源部门最优配置规模

土地资源农业部门和非农业部门之间的配置实际上就是农用地和建设用地之间的配置。优化土地资源部门错配能够为我国建设用地的总量控制、耕地保护提供决策依据。根据上述理论分析可知，当土地在不同部门之间的边际收益（包括外部性，下同）相等时，部门配置达到最优。因此，利用生产函数估计结果，按照上述公式，可以估算出土地资源在农业部门和非农部门之间的最优配置规模（见表3-6）。需要指出的是，此处土地最优配置规模是在资本、劳动等要素投入保持不变的情况下，通过调整土地配置规模进而获得最大产出时的土地资源配置状态。

表 3-6　　　　　中国土地资源部门最优配置规模　　　　单位：万公顷

年份	农业部门农用地最优配置规模				非农部门建设用地最优规模			
	全国	东部地区	中部地区	西部地区	全国	东部地区	中部地区	西部地区
1996	67 731	8 464	13 854	44 575	1 190	968	723	337
1997	67 520	8 390	13 788	44 509	1 419	1 050	792	410
1998	67 347	8 331	13 678	44 463	1 615	1 119	905	465
1999	67 207	8 275	13 655	44 421	1 780	1 175	932	517
2000	67 046	8 248	13 611	44 358	1 911	1 220	966	554
2001	66 943	8 212	13 596	44 354	2 030	1 262	982	567
2002	66 563	8 034	13 708	44 441	2 170	1 303	789	458
2003	66 514	8 003	13 724	44 452	2 299	1 350	799	485
2004	66 460	7 972	13 709	44 459	2 397	1 394	823	500
2005	66 361	7 957	13 697	44 440	2 536	1 431	840	532
2006	66 309	7 945	13 696	44 409	2 647	1 463	860	582

续表

年份	农业部门农用地最优配置规模				非农部门建设用地最优规模			
	全国	东部地区	中部地区	西部地区	全国	东部地区	中部地区	西部地区
2007	66 218	7 928	13 656	44 352	2 756	1 488	905	645
2008	66 178	7 925	13 614	44 315	2 815	1 500	952	687
2009	66 078	7 907	13 610	44 292	2 964	1 533	978	723
2010	66 049	7 900	13 595	44 260	3 050	1 554	1 015	775
2011	66 120	7 951	13 585	44 251	3 119	1 565	1 076	812
2012	65 502	7 997	13 673	43 366	3 198	1 586	1 184	894
2013	65 096	8 056	13 855	42 595	3 268	1 600	1 304	953
2014	65 036	8 050	13 788	42 538	3 339	1 612	1 376	1 012
2015	64 977	8 042	13 657	42 481	3 410	1 625	1 511	1 071

资料来源：根据中国统计年鉴相关数据计算。

在全国层面，我国农用地最优配置规模呈不断减少态势，而建设用地最优配置规模呈不断上升趋势。1996～2015 年中国农用地最优配置量年均减少 0.2%，建设用地最优配置规模逐渐增加，年均增长 9.33%。在地区层面，两部门土地资源配置规模与趋势差异明显。土地资源在农业部门的配置数量远远大于在非农部门的配置量，这主要是由部门生产条件、土地资源禀赋和农用地正外部性所决定。农业生产需要大量的农业用地作为基础生产资料，而非农建设用地主要为非农生产活动提供生产空间和载体。同时，农用地具有生态价值和保障粮食安全等正外部性，提高了农用地的边际整体效益。从具体区域配置规模来看，西部农用地配置规模最大，建设用地配置规模最小，而东部建设用地配置规模最优和比例最大且集中度高，西部最小。另外，东部地区农用地配置规模远小于中西部地区，相对的中西部地区建设用地配置规模小于东部地区。可见，土地资源在农业部门和非农业部门地区配置规模差异明显。

从配置规模变化趋势来看（见图 3－8 和图 3－9），农业部门东部和西部农用地最优配置规模下降了近 5%，下降趋势比较明显，也从侧面反映出东部和西部地区在农用地保护方面，还有待强化。而中部地区农用地最优配置规模下降了 1.42%，相对比较平缓，这与中部地区作为我国粮食主产区并具有严格的耕地保护制度和产业战略定位密切相关。非农业部门建设用地配置规模变化趋势差异性更为明显。1996～2015 年，我国东部、中部、西部三大区域建设用地配置规模分别增加了 67.87%、108.99%、217.80%，尤其是西部地区，增加幅度明显，远大于东部和中部地区。表明西部地区建设用地边际产出提升速度大于东部和中部，三大区域建设用地产出效益进一步缩小。

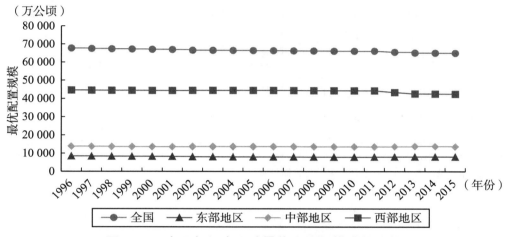

图 3-8　农业部门农用地最优配置规模变化趋势

资料来源：根据中国统计年鉴相关数据计算。

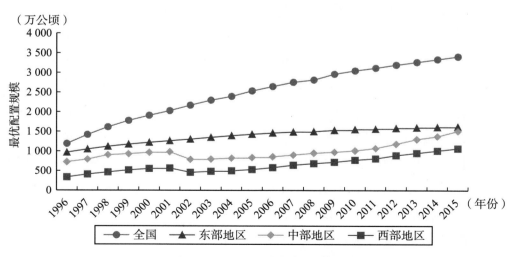

图 3-9　非农部门建设用地最优配置规模变化趋势

资料来源：根据中国统计年鉴相关数据计算。

（三）土地资源部门错配测度结果

当土地资源实际配置规模与土地资源最优配置规模不一致时，便产生了错配。基于此，我们采用中国1996～2015年土地资源现状数据作为土地实际配置规模，按照式（3-3）和式（3-4），可以估算出中国土地资源在部门间错配程度和地区间错配程度（见表3-7）。我们假设有两个部门：农业部门和非农业部门，由于农用地规模较大、非农建设用地规模较小，土地资源在部门间错配率差异较大；同时，农用地具有保障国家粮食安全、社会稳定、生态保护等功能，在配置中必须保留一定的农用地规模。因此，为更直观地比较土地资源在部门间的错配程度，我们引入农用地修正错配率。结合我国土地利用结构调整原则和各地区土地利用结构比例，假定我国每年必须保留的农用地规模不低于当年面积的85%，则每年可参与部门配置的农用地规模为当前的15%，由此可得到农用地修正错配率。

表 3-7　　　　　　　　　　中国土地资源部门错配程度　　　　　　　单位：%

年份	农用地错配率				农用地修正错配率				非农建设用地错配率			
	全国	东部地区	中部地区	西部地区	全国	东部地区	中部地区	西部地区	全国	东部地区	中部地区	西部地区
1996	-3.48	-3.54	-3.85	-1.54	-24.04	-24.47	-26.66	-10.43	198.08	30.96	73.69	203.77
1997	-3.18	-2.70	-3.39	-1.39	-21.87	-18.47	-23.38	-9.40	151.17	21.54	58.98	150.93
1998	-2.92	-2.02	-2.61	-1.28	-20.06	-13.71	-17.86	-8.64	121.84	15.01	39.43	122.35
1999	-2.71	-1.35	-2.44	-1.18	-18.57	-9.14	-16.65	-7.93	102.32	9.53	35.69	100.98
2000	-2.55	-1.06	-2.22	-1.11	-17.44	-7.15	-15.11	-7.47	89.46	7.17	31.22	88.73
2001	-2.41	-0.70	-2.13	-1.09	-16.44	-4.69	-14.50	-7.35	79.37	4.54	29.47	85.29
2002	-1.36	2.33	-1.93	-1.00	-9.16	15.18	-13.12	-6.74	41.58	-14.36	33.54	97.15
2003	-1.21	2.71	-1.91	-0.96	-8.19	17.61	-12.98	-6.47	35.12	-16.08	32.80	88.14
2004	-1.14	2.92	-1.79	-0.96	-7.69	18.94	-12.18	-6.44	31.63	-16.72	29.88	85.05
2005	-0.99	3.15	-1.72	-0.91	-6.66	20.35	-11.65	-6.13	25.89	-17.51	28.00	76.11
2006	-0.89	3.28	-1.65	-0.82	-5.98	21.14	-11.21	-5.53	22.28	-17.79	26.34	62.78

年份	农用地错配率				农用地修正错配率				非农建设用地错配率			
	全国	东部地区	中部地区	西部地区	全国	东部地区	中部地区	西部地区	全国	东部地区	中部地区	西部地区
2007	-0.78	3.36	-1.39	-0.70	-5.24	21.66	-9.37	-4.71	18.73	-17.90	20.91	48.25
2008	-0.74	3.30	-1.10	-0.63	-4.98	21.32	-7.42	-4.22	17.43	-17.45	15.75	40.54
2009	-0.59	3.54	-1.07	-0.58	-3.97	22.77	-7.18	-3.87	13.19	-18.24	14.82	35.35
2010	-0.55	3.62	-0.95	-0.51	-3.67	23.29	-6.42	-3.39	11.86	-18.40	12.78	28.91
2011	-0.65	2.97	-0.89	-0.48	-4.39	19.21	-5.97	-3.24	13.88	-15.08	11.20	26.39
2012	-0.70	2.73	-0.29	-0.39	-4.69	17.71	-1.91	-2.64	14.31	-13.76	3.29	19.12
2013	-0.73	2.40	0.34	-0.30	-4.93	15.64	2.23	-2.02	14.62	-12.09	-3.57	13.52
2014	-0.71	2.33	0.74	-0.22	-4.79	15.17	4.93	-1.45	13.88	-11.63	-7.46	9.15
2015	-0.69	2.27	1.62	-0.13	-4.64	14.78	10.65	-0.89	13.18	-11.22	-14.67	5.27

注：表中"-"号表明土地错配类型为短缺错配，反之为过度错配。

资料来源：根据中国统计年鉴相关数据计算。

第五节　土地资源部门错配特征分析

为更准确地把握土地资源错配类型、错配成因、错配变化趋势特征等，有必要进一步对土地资源错配的时空特征进行探究，以更好地为土地资源优化配置提供参考。

（1）中国土地资源存在部门错配，且短缺错配与过度错配并存。1996～2015 年中国非农建设用地平均错配率为 51.49%，最高达到 198.08%，农用地修正平均错配率为 9.87%，最高达到 24.04%；东部、中部、西部建设用地平均错配率分别为 6.47%、23.60%、69.39%，农用地平均错配率为 9.36%、9.79%、5.45%。可见，无论是农业部门和非农业部门，还是三大区域，土地资源部门错配都是现实存在的，且错配程度较为严重。我们将土地资源错配类型分为短缺错配和过度错配，则在错配类型上，全国层面和西部地区土地资源部门错配一直表现为农用地短缺错配和建设用地过度错配，即建设用地配置过度，占用了农用地，造成农用地短缺。但是在东部和中部地区，前期农用地边际产出效益相对较高，表现为农用地短缺错配和建设用地过度错配。到了后期，东部、中部地区建设用地边际产出效益提升较快，表现为农用地过度错配和建设用地短缺错配。我国土地资源部门短缺错配与过度错配并存的现象，充分说明了土地资源部门配置在地区间的不均衡、不匹配，亟须纠正土地资源部门错配。

（2）中国土地资源部门错配率逐渐降低，且农用地和建设用地错配程度差异在缩小。在总体变化趋势上，中国农用地修正错配率由1996年的24.02%降到2015年的4.64%，建设用地错配率则由198.08%降到13.18%，充分说明中国土地资源部门配置得到明显改善。部门之间横向比较也可以发现，土地资源部门错配率也得到了缓解。1996年中国建设用地错配率为农用地错配率的8.24倍，2015年这一差距缩小为2.84倍，尤其是中部地区、西部地区建设用地错配率与农用地错配率的比值分别由2.76倍和19.53倍缩小至1.38倍和5.94倍，表明农用地与建设用地错配程度差异在不断缩小，土地部门间配置更趋向合理。中国土地资源部门错配的改善：一方面，得益于土地利用观念的转变，由传统的以追求经济效益的土地粗放利用，转向追求社会、经济、生态综合效益最大化的土地可持续利用，农用地的正外部性和建设用地的负外部性成为土地资源部门配置考虑的重要因素；另一方面，得益于我国严格的耕地保护制度和建设用地总量控制制度的实施，中央政府从战略层面，加大了对农用地尤其是耕地的保护，比如农用地保有量、耕地保有量、永久性基本农田、主体功能区建设等举措，同时严格控制城市建设用地总量，防止城市用地无序扩张，从源头减少了建设用地规模的扩张与负外部性扩散。

（3）中国土地资源部门错配的地区差异明显，表现为三大区域土地资源错配程度和错配类型的差异。从农用地修正错配率来看，总体上东部农用地错配率最高，西部最低；东部建设用地错配率最低，西部最高。分区域来看，如图3－10和图3－11所示，东部地区呈现阶段性变化特征，1996～2001年农用地错配和建设用地错配率均呈显著下降趋势，2002～2015年呈先缓慢上升后下降的变化趋势。中部地区的阶段性变化周期较长，在1996～2012年，无论是农用地错配还是建设用地错配，均显著下降，但是到了2013～2015年，由于错配成因发生变化，建设用地错配和农用地错配程度均有所提升。西部地区土地资源部门错配改善幅度最大，农用地修正错配率和建设用地错配率均下降了近九成。从错配类型来看，东部农用地 1996～2002 年为短缺错配，后变为过度错配，建设用地错配类型与之相反，主要是因为东部为中国先发展地区，建设用地边际产出收益提升迅速，逐步高于农用地边际产出，出现建设用地短缺错配。中部1996～2012 年农用地为短缺错配，建设用地为过度错配，2012～2015 年农用地为

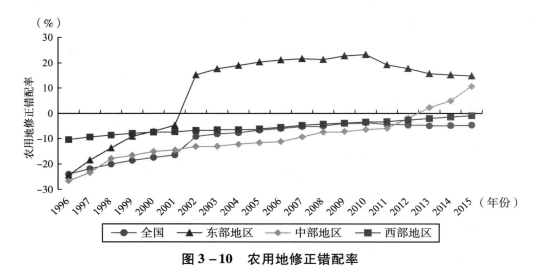

图 3－10　农用地修正错配率

资料来源：根据中国统计年鉴相关数据计算。

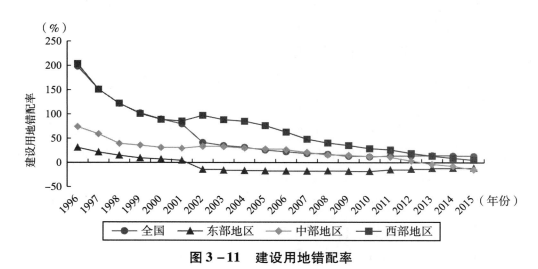

图 3－11　建设用地错配率

资料来源：根据中国统计年鉴相关数据计算。

过度配置、建设用地为短缺错配。这是因为近年来随着中部崛起战略实施，中部社会经济发展速度提升，对建设用地的需求增加，建设用地边际产出亦得到快速提升，出现了建设用地短缺配置的状况。西部地区 1996 ~ 2015 年均表现为农用地短缺错配、建设用地过度错配，说明西部地区建设用地占用农用地的现象较为普遍，合理控制建设用地规模、提升农业部门收益迫在眉睫。

（4）土地资源错配程度随经济发展水平的提升有减弱的趋势。如表 3 - 8 所示，地均 GDP（每平方公里土地创造的国内生产总值）代表经济发展水平，可以发现农业部门、非农部门的土地资源部门错配率与地区经济发展水平的 Pearson 相关系数分别为 0.726、- 0.670（农用地错配率为负，建设用地错配为正），在 1% 的置信水平上显著相关。东部、中部、西部地区建设用地错配率与地区经济发展水平的 Pearson 相关系数分别为 - 0.556、- 0.880、- 0.828，均在 5% 的置信水平上显著相关。东部、中部、西部地区农用地错配率与地区经济发展水平的 Pearson 相关系数分别为 0.598、0.904、0.934，均在 1% 的置信水平上显著相关。错配率的负号仅代表错配类型。所以无论是短缺错配还是过度错配，错配率绝对值越大，土地资源部门错配越大。因此，农用地错配程度、建设用地错配程度与地区经济发展水平存在显著的正相关关系，表明随着经济发展水平的提升，土地资源错配程度有明显减弱的趋势。可见，推动地区经济发展水平，是纠正土地资源部门错配的一个有效途径。

表 3 - 8　　　　　　　　土地资源部门错配与经济水平的相关关系

地均 GDP	农用地错配率				建设用地错配率			
	全国	东部地区	中部地区	西部地区	全国	东部地区	中部地区	西部地区
全国	0.726**				- 0.670**			
东部地区		0.598**				- 0.556*		
中部地区			0.904**				- 0.880	
西部地区				0.934**				- 0.828

注：*、** 分别代表在 5%、1% 的水平上显著相关。
资料来源：根据中国统计年鉴相关数据计算。

第四章
土地资源空间错配测度与特征分析

　　土地资源包括耕地、林地、园地、草地、住宅用地、商业用地、工业用地等多种用地类型，土地资源空间配置理论上包括不同用地类型在不同地区间的配置。但是鉴于数据的可得性以及操作的复杂性，本书主要探讨建设用地的空间错配问题。一方面，建设用地配置关系到城镇化建设、产业结构调整与基础设施布局、人口流动等经济社会活动，是我国土地资源配置的核心。另一方面，建设用地在地区间配置的公平与效率问题一直是众多学者和部门关注的重点，也是我国土地资源空间错配最普遍的用地类型。

第一节　土地资源空间配置现状分析

一、建设用地配置数量

（一）绝对规模

　　建设用地的绝对规模指区域建设用地规模总量。1996～2015年，我国东部、中部、西部地区的年均建设用地面积依次为1 274.47万公顷、1 181.45万公顷、1 007.56万公顷[①]。从绝对规模来看，三大区域建设用地配置较为均衡。但从各省份来看，以1996～2015年建设用地平均规模为衡量标准，建设用地绝对规模超过200万公顷的省份主要有江苏、山东、河南，低于40万公顷的主要有北京、天津、黑龙江、西藏、青海、宁夏等省份，各省份建设用地平均绝对规模差异明显。东部地区建设用地主要集中在河北、辽宁、江苏、山东、广东等省份，均超过了170万公顷，而海南、北京、天津、上海等地区建设用地绝对规模不足50万公顷。中部地区建设用地绝对规模分布较为均衡，除河南超过200万公顷外，大多省份在100万～200万公顷之间，均衡度较高。西部省份建设用地绝对

---

① 建设用地规模数据根据《中国统计年鉴》及各省份统计年鉴整理。

规模差异悬殊，建设用地主要分布在内蒙古、四川、新疆等省份，西藏、宁夏、青海等省份建设用地规模较少，不足 40 万公顷。

（二）相对规模

建设用地的相对规模指建设用地规模与区域土地面积的比值。1996～2015年，我国东部、中部、西部省份相对规模依次为 11.94%、7.08%、1.46%，东部建设用地相对规模分别是中部和西部省份的 1.69 倍和 8.17 倍，三大区域建设用地相对规模呈现不均衡分布。从省份来看，建设用地相对规模也呈现出显著的差异性。安徽、河南、北京、天津、上海、江苏、山东等省份建设用地相对规模均超过了 10%，其中北京、天津、上海、江苏等地分别达到 18.78%、32.71%、40.82%、20.54%，土地开发强度较高。大多省份建设用地相对规模在 10% 以下，其中黑龙江、内蒙古、广西、贵州、云南、西藏、陕西、甘肃、青海、宁夏、新疆等省份，建设用地相对规模不足 5%，土地开发利用强度较弱。东部省份建设用地配置密度和开发密度最高，建设用地相对规模大于 10%的省份居多，相对规模最低的省份为福建，也达到了 5% 以上。中部省份建设用地配置密度和开发密度较高，相对规模比较均衡。西部省份建设用地配置密度和开发密度较低，除重庆外，其他地区建设用地相对规模均在 5% 以下，西藏、新疆、青海等地区建设用地相对规模更是不足 1%。可见，建设用地相对规模的省际差异尤为明显。

二、建设用地配置质量

（一）建设用地产出强度

建设用地的产出强度与产出强度增长速度能较好地反映建设用地的利用质量。我们用单位面积建设用地第二、第三产业产值表示建设用地产出强度，以10 年为一周期，分别计算 1996～2005 年、2006～2015 年我国各省份建设用地平均产出强度（见图 4-1 和图 4-2），以此来探讨建设用地利用质量及其变化。从建设用地产出强度来看，我国建设用地利用质量较高的省份主要集中在东部地区，西部地区建设用地利用水平总体偏低。1996～2005 年和 2006～2015 年两个时期，我国建设用地产出强度较高的地区主要集中在东部地区，如北京、天津、广东、江苏、天津、上海等地，其中北京、上海的建设用地产出强度远大于

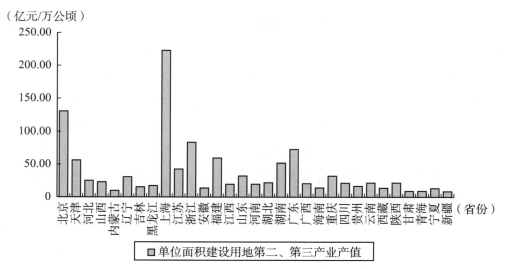

（亿元/万公顷）

图 4 - 1　1996～2005 年中国建设用地平均产出强度

资料来源：根据中国统计年鉴相关数据整理。

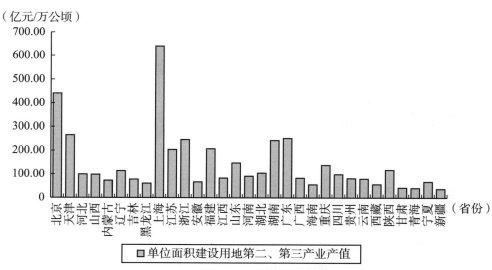

（亿元/万公顷）

图 4 - 2　2006～2015 年中国建设用地平均产出强度

资料来源：根据中国统计年鉴相关数据整理。

其他省份。中部省份建设用地产出强度相对于东部省份依然处于较低水平，虽然湖南、湖北等省份用地效益提升较快，但与东部省份相比，依然还有很大的提升空间。同时，中部地区省际差异在不断变化，1996～2005 年建设用地产出强度相对均衡，2006～2015 年中部地区建设用地产出强度差异拉大。西部省份建设用地总体产出强度偏低，各省份产出强度差异也比较明显，陕西、重庆远远高于其他省份，新疆、宁夏、青海等省份建设用地产出明显不足。

（二）建设用地产出强度增长速度

在建设用地产出强度增长速度方面，1996～2015 年中西部地区表现出强劲的增长速度，与东部地区建设用地产出强度差距在进一步缩小（见图 4 – 3）。从省份情况看，建设用地产出强度增长速度最快的是内蒙古，年均增幅达到 110.06%，处于绝对领先地位。其次为天津、吉林、安徽、湖北、贵州、西藏、陕西、甘肃、青海、宁夏、新疆、四川、重庆、河南、山东等，年均增幅超过 50%。与之形成鲜明对比的是，一些经济发达的省份如上海、黑龙江、辽宁、浙江、湖南等地，建设用地产出强度年均增长速度不足 30%。因此，各省份之间的建设用地产出强度差异在进一步缩小。从三大区域来看，西部省份建设用地

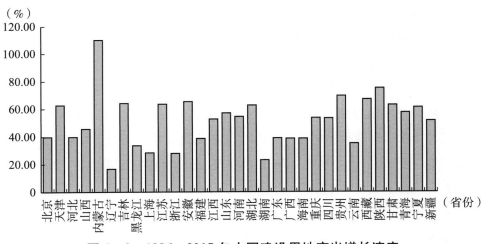

图 4 – 3　1996～2015 年中国建设用地产出增长速度

资料来源：根据中国统计年鉴相关数据整理。

产出强度增长速度最快，年均达到 61.30%，中部省份建设用地产出强度年均增长速度为 50.22%，东部省份相对较低，平均每年增长 41.14%。这说明随着中部崛起战略和西部大开发战略的实施和产业结构转移调整，使得中西部地区建设用地配置效率得到了提高，建设用地产出强度得到了有效提升，逐步缩小了与东部地区的差距。

三、建设用地配置结构

按土地用途，一般将建设用地分为居住用地、公共设施用地、工业用地、物流仓储用地、交通设施用地、市政公用设施用地、道路广场用地、绿地、特殊用地等不同用地类型。建设用地配置结构便是各类建设用地的配置比例。限于资料的获得性，我们用国有建设用地供应情况来反映我国建设用地配置结构，该数据具有时效性，更能反映我国建设用地配置动态。因此，根据《中国国土资源统计年鉴》2010 年和 2015 年的数据，对我国建设用地配置结构变化进行分析。

（一）建设用地配置结构现状

按照用地类型，可将国有建设用地供应分为工矿仓储用地、商服用地、住宅用地、公共管理与公共服务用地、特殊用地、交通运输用地、水域及水利设施用地、其他土地等类型，其中公共管理与公共服务用地、特殊用地、交通运输用地、水域及水利设施用地、其他土地等可统称为基础设施及其他用地。这样一来，我们便可以得到 2015 年中国建设用地配置结构图（见图 4-4）。

从我国 2015 年用地结构来看，基础设施及其他用地占比 54.10%，其中交通运输用地占比最高，达到 28.26%，其次是公共管理与公共服务用地，占比达到 15.15%，水域及水利设施用地也占有 8.49% 的比例。可见，在基础设施用地供应结构中，以交通、公共管理与服务、水域及水利用地配置为主。工矿仓储用地、商服用地、住宅用地约占国有建设用地供应的一半，占比分别为 23.56%、6.84%、15.51%，工业仓储用地比例依然较高，商服用地最低。

根据国内外城市用地配置经验，建设用地结构优化过程中，基础公共设施用地、住宅用地、工业用地、商业用地保持在 55%:20%:20%:5% 的结构比，是

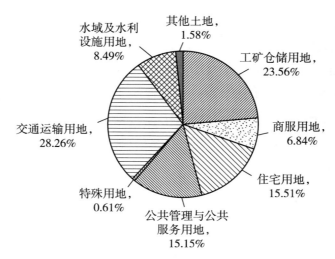

图 4 – 4　2015 年中国建设用地供地情况

资料来源：根据中国国土资源统计年鉴相关数据整理。

一个典型的经验比值。2015 年我国基础公共设施用地、住宅用地、工业用地、商业用地的结构比为 54.09%：15.51%：23.56%、6.84%。虽然基础设施用地比较接近这一经验值，但是很明显的工矿仓储用地、住宅用地配置结构有偏离，工矿仓储用地比例偏高，而住宅用地比例偏低，加大住宅用地供给、减少工矿仓储用地供应，应作为建设用地供应结构调整的主要目标。另外，商服用地比例也呈现偏高状态，在商服用地规模增加的同时，应把控商服用地的产出效益，避免低效、闲置用地。

（二）　建设用地配置结构变化

为进一步比较我国建设用地配置结构的变化，我们制作了 2010 年中国建设用地配置结构图。从我国 2010 年用地结构来看，首先是基础设施及其他用地占比达 28.76%，其中公共管理与公共服务用地供应比例最高，达到 12.24%。其次是交通运输用地，占比达到 11.28%，水域及水利设施用地也占有 4.51% 的比例。在基础设施用地供应结构中，以公共管理与服务、交通运输用地、水域及水利用地配置为主。工矿仓储用地、商服用地、住宅用地约占国有建设用地供应的 71.24%，占比分别为 35.60%、8.99%、26.65%，工业仓储用地比例依然较高，商服用地最低。与 2010 年相比，2015 年我国基础设施用地供应比例上升了25.34%。其中，交通运输用地占比由2010年的11.28%上升到了28.26%，扩张规模最大达到16.98%。水域及水利用地、公共管理与公共服务用地供应结构比例相应增加了3.98%和2.91%。另外，与2010年相比，2015年我国工矿仓储用地、商服用地、住宅用地供应比例均显著下降，下降比例分别为12.04%、-2.16%、11.14%[①]。这一变化说明我国建设用地配置结构正在不断调整，逐步增加基础设施用地的供应比例，满足基本的公共服务需求和基础设施建设。不断减少工矿仓储用地、商服用地和住宅用地供应比例，尤其是工矿仓储用地和住宅用地。一方面通过严控工业用地，倒闭产业用地效率提升，促进产业结构转型升级，另一方面通过适度调整住宅用地供应比例，促进房地产市场平稳健康发展。从土地资源供给侧出发，调控土地供应结构，进而优化经济结构和资源配置效率（见图4-5）。

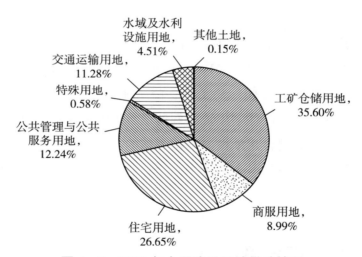

图4-5　2010年中国建设用地供地情况

资料来源：根据中国国土资源统计年鉴相关数据整理。

　　2010年我国基础公共设施用地、住宅用地、工业用地、商服用地的结构比为28.76%：26.65%：35.60%：8.99%。根据建设用地配置结构经验值，2010年建设用地配置结构严重偏离该经验值，主要表现为基础设施用地供应不足，工矿仓储用地、住宅用地和商服用地供应冗余。从过去十年的供地情况来看，我

---

① 中华人民共和国国土资源部：《中国国土资源统计年鉴》，2011年。

国用地结构与用地标准逐渐靠拢，但当前仍存在调整空间，即应适度减少工业仓储用地供给，将其挤占的用地空间调向住宅用地。

第二节　土地资源空间配置差异与特征

一、建设用地配置数量差异与特征

由本书分析可知，我国建设用地数量配置存在显著的空间差异。具体表现为：

（一）规模配置差异与特征

我国建设用地配置规模的差异主要表现在绝对规模和相对规模的差异上。从绝对规模来看，东部、中部、西部建设用地配置整体上相对均衡，配置规模比例为1.00：0.93：0.79[①]。但在三大区域内部，也呈现出不均衡的配置。在东部地区，建设用地集中配置在广东、山东、江苏、河北等地区，中部地区配置相对分散，黑龙江、安徽、湖北、湖南等地配置规模较为均衡。西部地区也出现了两极分化的情况，内蒙古、四川、新疆等地区建设用地配置规模远大于贵州、西藏、甘肃、青海、宁夏等地区。从各省份配置规模来看，省际差异也非常明显。如1996～2015年山东平均建设用地配置规模达到265.37万公顷，而西藏仅为8.44万公顷，山东建设用地配置绝对规模是西藏的30多倍。江苏、河南两省份也超过200万公顷，上海、海南、宁夏不足30万公顷，相比之下，省际差异非常明显。

为进一步说明这种差异和特征，我们采用城市建成区面积作为省际建设用地配置规模衡量标准进行分析[②]。可以发现，我国建设用地的配置规模由东向

---

① 根据我国东部、中部、西部建设用地数量计算所得。
② 城市建成区面积来自《中国城市统计年鉴》。

西、由沿海向内陆方向逐渐减少，在空间上大致呈现出三个梯级的分布。从比例关系来看，我国东部、中部、西部地区建设用地规模比例大致为1：1.5：3。其中，我国建设用地规模配置集中在华东地区尤其是东部沿海省份，其次分布在我国华北与华南部分省份以及华中、东北地区，最后是建设用地规模较小的西南、西北地区。这种建设用地空间配置差异反映了近十年来建设用地的配置方向和战略，2003～2015年，东部建设用地面积远大于中部与西部地区，数量关系上约为后二者之和，差异同样明显。

从相对规模来看，建设用地规模配置差异尤为明显。首先，三大区域相对规模差异悬殊，东部建设用地相对规模分别是中部和西部省份的1.69倍和8.17倍。其次，各省份建设用地相对规模差异性尤为明显。比如土地开发强度大、密度高的天津、上海、江苏等地区建设用地相对规模均超过20%，部分地区甚至超过40%。但是我国大多省份建设用地相对规模在10%以下，部分西部欠发达省份受地形地貌、资源禀赋、人口分布等因素的影响，建设用地相对规模不足5%，如西藏、新疆、青海等省份建设用地相对规模更是不足1%，建设用地相对规模的省际差异尤为明显。

（二）增长速度差异与特征

我国建设用地增长速度的差异主要表现在省际之间和三大区域之间。我国东部、中部、西部地区1996～2015年建设用地年均增长率分别为0.69%、0.13%、0.51%。首先，东部地区建设用地增长速度最快，也是我国长期区域不平衡发展战略的结果。其次是西部地区，建设用地增长速度达到0.51%，虽然西部地区属于后发地区，建设用地配置绝对规模和相对规模不高，但是近年来随着社会经济的快速发展与城镇化进程的推进，西部地区对建设用地的需求量大大增加，建设用地供给也随之增加。中部地区建设用地增长速度最慢，远小于东部和西部地区，这与国家耕地保护政策和产业功能定位密切相关。

我国建设用地增长速度在省际之间的差异尤为明显。1996～2015年，建设用地增长速度最快的是浙江，达到3.66%，依次是西藏3.53%，北京2.44%。福建、江西、广东、广西、海南等地区建设用地增长速度也较快，均在1.5%以上。河南、湖北、辽宁、河北、四川、陕西、宁夏等地区建设用地增长速度普遍较低，年均增长不到4%。建设用地增长不是必然的，部分省份建设用地近年来呈减少趋势。如内蒙古、吉林、黑龙江等东北地区，江苏、山东等东部地区，甘肃、安徽等地也呈下降趋势。可见，不同省份建设用地增长速度存在明显的差异，其原因受经济、政策、人口、城镇化、规划等多种因素的综合作用（见图4－6）。

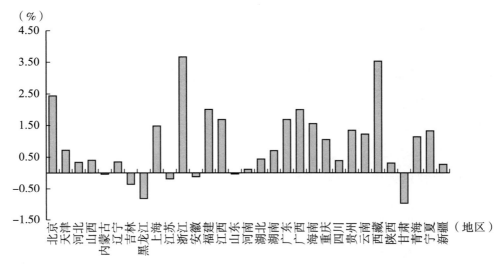

图4－6　1996～2015年中国省际建设用地增长速度

资料来源：根据中国统计年鉴相关数据整理。

二、建设用地配置质量差异与特征

（一）产出强度差异与特征

　　建设用地配置质量差异主要是指建设用地利用水平的差异。由分析可知，我国建设用地配置质量差异主要表现在建设用地产出强度和产出强度增长速度方面的差异。在产出强度方面，产出强度较高的省份主要集中在东部地区，如北京、天津、广东、江苏、上海等地，西部地区建设用地利用水平总体偏低，如新疆、宁夏、青海等省份建设用地产出明显不足。这种省际差异和区域差异，表明我国建设用地产出强度呈现出明显的梯度变化特征，即建设用地产出强度由东向西呈阶梯式下降特征。

（二） 产出强度增长速度差异与特征

我国建设用地产出强度增长速度存在明显的差异。从三大区域来看，西部省份建设用地产出强度增长速度最快，中部其次，东部地区相对较低。从省际层面来看，一些经济发达的省份如上海、浙江、湖南等地建设用地产出强度增长速度明显低于湖北、安徽、贵州、西藏、陕西、甘肃等中西部省份。与建设用地产出强度空间格局特征相似，建设用地产出强度增长速度的差异性也呈现出梯度变化的空间格局特征，所不同的是，我国建设用地产出强度增长速度呈现出由西向东阶梯式下降的变化特征。这种变化趋势将使得西部、中部地区建设用地产出强度与东部地区产出强度差距进一步缩小，区域发展更趋向协调。

（三） 集约利用弹性系数差异与特征

为更准确地描述建设用地集约利用水平，我们综合建设用地产出能力和建设用地增长速度，构建建设用地增长弹性系数来衡量建设用地的利用水平，用建设用地产出效益增长率与建设用地增长率比值计算省际建设用地集约利用弹性系数。弹性系数越高代表建设用地的集约利用水平越高，反之则越低。由于土地利用分类体系的变化，我国建设用地面积统计口径呈现阶段性差异，比如1996～2001年、2002～2008年和2009～2015年，分别采用了三种分类体系，不可避免地出现了建设用地规模的阶段性变化。为统一口径，我们采用2003～2015年城市建设用地面积来计算建设用地集约利用弹性系数（见表4-1）。

由表4-1可以看出，建设用地集约利用弹性系数最大的省份主要集中在我国东部地区，其中天津、甘肃、上海、辽宁、安徽、黑龙江、湖南弹性系数超过了3，北京达到了12.161，其次，弹性系数超过2的除了广东、内蒙古、山西，其余省份例如广西、陕西、四川、宁夏均为西部省份，建设用地集约利用弹性系数不足2的省份主要为我国的东部、中部省份和极个别西部省份。另外，我国省际建设用地弹性系数呈现出梯度变化的特征：占比16.67%的省份弹性系数位于3.46～12.16的区间，23.33%的省份位于2.78～3.16区间，50%的省份位于1.41～2.04的区间，最后10%的省份弹性系数不足1.05。

表4-1   省际建设用地集约利用弹性系数

地区	第二、第三产业 产值增长率（%）	建设用地 增长率（%）	弹性系数
北京	2.120	0.174	12.161
天津	4.010	0.786	5.099
甘肃	2.498	0.558	4.481
湖南	2.931	0.835	3.508
上海	2.071	0.598	3.464
辽宁	2.534	0.801	3.161
安徽	2.964	0.939	3.155
黑龙江	2.268	0.732	3.100
广西	2.919	0.974	2.996
广东	2.505	0.855	2.929
内蒙古	4.359	1.505	2.896
陕西	3.248	1.167	2.783
山西	2.208	1.083	2.039
四川	3.016	1.499	2.011
宁夏	2.579	1.286	2.006
河北	2.335	1.191	1.961
江西	2.898	1.549	1.872
河南	2.761	1.498	1.843
湖北	2.942	1.606	1.831
重庆	3.581	2.091	1.712
浙江	2.342	1.380	1.698
吉林	2.935	1.759	1.668
江苏	2.914	1.783	1.634
青海	2.858	1.836	1.556
福建	2.919	1.960	1.489
贵州	3.012	2.026	1.487

续表

地区	第二、第三产业产值增长率（%）	建设用地增长率（%）	弹性系数
山东	2.850	2.021	1.410
云南	2.589	2.470	1.048
海南	2.568	3.113	0.825
新疆	2.403	4.378	0.549

资料来源：根据中国国土资源统计年鉴相关数据计算。

为了便于分析，本书采用聚类分析法对 30 个省份的弹性系数进行类别划分，可以分成四个梯度区域。从弹性系数来看，土地集约利用弹性系数最高的是北京，达到了 12.16，新疆的弹性系数最小，仅为 0.55，二者相差 22 倍。整体来说，北部地区利用质量较高，而东、中部地区用地质量普遍低于全国平均水平。值得关注的是，建设用地弹性系数较高的地区也包含了中、西部一些省份，如西北地区的甘肃、陕西等省份，与东部地区不同的是，这些地区建设用地规模增长率较高，随着产业结构的调整与升级，中西部地区建设用地配置效率得到了提高，建设用地产出强度得到了有效提升，因此第二、第三产业产值增长速度也在稳步提升，且在未来仍有较大的提高空间。但在一些建设用地利用效率不高的东部地区，第二、第三产业产值增速没有跟上建设用地规模扩张速度，随着中、西部地区土地产出的强势增长，它们之间的差距将会逐渐缩小。但在当前土地管理制度中，建设用地供给对东、中部地区的政策倾斜仍未改变。

三、建设用地配置结构差异与特征

（一）结构偏离度模型

为进一步探讨建设用地配置省际结构状况，我们构建了结构偏离度模型，对区域用地结构与用地标准之间的差异进行测算，将区域的用地结构情况进行量化。通过梳理与总结国外典型城市建设用地结构比例，结合我国实际情况，合理确定我国城市建设用地中基础设施用地、住宅用地、工业用地、商业用地四种用地类型的合理比例。以此比例为标准,对区域用地结构与合理用地标准之间的差异进行比较,进而构建建设用地结构偏离度模型,计算区域建设用地结构偏离度 D,便于直观地考察区域建设用地结构合理性及其空间差异。偏离度模型计算公式如下:

$$D = \sqrt{\left(X - \frac{X^*}{1-X-Y-Z}\right)^2 + \left(Y - \frac{Y^*}{1-X-Y-Z}\right)^2 + \left(Z - \frac{Z^*}{1-X-Y-Z}\right)^2} \quad (4-1)$$

其中,D 表示区域建设用地结构偏离度指数,指数越小说明建设用地结构越合理;X、Y、Z 分别表示住宅用地、商业用地和工业用地供应实际比例,X^*、Y^*、Z^* 分别表示住宅用地、商业用地、工业用地供应合理比例,住宅用地、商业用地、工业用地、基础设施用地四类用地供应比例总计为100%。

(二) 结构偏离度测度

通过对国外典型城市建设用地结构比例的梳理,结合我国实际情况,将城市建设用地中基础设施用地、住宅用地、工业用地、商业用地四种用地类型的经验值比例确定为 55∶20∶20∶5 (黄奇帆,2017)。

从全国来看,2015 年我国基础设施与其他用地占比 54.10%,工矿仓储用地占比 23.56%,商服用地占比 6.84%,住宅用地占比 15.51%。与用地经验值相比,我国工、商业用地占比较高,挤占和压缩了基础设施用地与住宅用地空间。根据 2015 年省际住宅用地、商服用地、工业用地规模与用地标准,计算出我国建设用地结构偏离度得分,如表 4-2 可以看出,我国建设用地偏离度小,即用地均衡的省份集中在我国东部和中部;偏离度大,结构失衡的主要集中在我国西部和北部地区,如西藏、新疆、内蒙古等省份,一般都存在着住宅用地、商业用地比例过高而工业用地供给不足的情况。

表 4-2　　　　　　　　　中国省际建设用地结构偏离度

地区	住宅用地 (平方公里)	工业用地 (平方公里)	商服用地 (平方公里)	结构偏离 度分值
北京	622.27	408.08	458.37	0.26

续表

地区	住宅用地（平方公里）	工业用地（平方公里）	商服用地（平方公里）	结构偏离度分值
天津	1 029.16	2 329.43	292.67	0.25
河北	4 356.78	8 263.76	1 849.17	0.19
山西	1 720.55	2 836.68	945.3	0.16
内蒙古	2 329.35	6 520.54	2 099.01	0.29
辽宁	3 768.34	5 340.69	1 697.57	0.12
吉林	1 766.69	3 857.43	764.04	0.23
黑龙江	2 321.58	3 688.57	1 247.97	0.15
上海	520.97	711.39	229.58	0.11
江苏	10 842.76	12 154.88	4 856.8	0.08
浙江	4 866.22	5 590.08	2 177.49	0.09
安徽	7 692.12	7 230.12	2 862.41	0.06
福建	2 124.75	5 197.9	977.79	0.26
江西	3 687.95	4 952.72	1 646.86	0.11
山东	10 307.29	12 317.16	4 980.34	0.10
河南	6 246.17	8 961.67	2 038.48	0.11
湖北	5 116.27	8 174.27	2 146.79	0.14
湖南	4 104.88	4 481.43	2 003.99	0.10
广东	3 955.54	5 907.19	1 827.01	0.13
广西	2 451.82	3 063.68	1 170.35	0.10
海南	540.78	197.69	290.61	0.32
重庆	3 452.33	3 562.31	1 107.1	0.03
四川	4 716.04	5 961.75	2 601.84	0.12
贵州	3 356.99	3 480	1 811.62	0.12
云南	2 758.85	2 102.72	1 705.77	0.20
西藏	144.16	166.34	444.14	0.59
陕西	2 768.81	3 401.68	1 115.5	0.08

续表

地区	住宅用地 （平方公里）	工业用地 （平方公里）	商服用地 （平方公里）	结构偏离 度分值
甘肃	1 951.85	5 153.63	1 895.78	0.28
青海	570.38	1 370.57	413.97	0.25
宁夏	1 074.97	2 686.06	626.44	0.26
新疆	3 332.76	9 485.69	1 932.21	0.30

资料来源：根据中国国土资源统计年鉴相关数据计算。

（三）结构偏离度空间差异

由表 4-2 可知，我国建设用地结构空间差异主要体现在以下两个方面：

（1）偏离度大小差异：我国 31 个省份中，建设用地结构偏离度分值最大的省份是西藏，达到了 0.59，偏离度分值最小的是重庆，仅为 0.03，二者相差接近 20 倍。从整体来看，我国东部、中部地区用地结构与标准供地结构拟合程度较好，供地结构较为均衡，偏离度分值一般保持在 0.13 以下。如重庆、浙江、山东等省份，这得益于东部和中部部分地区近年来产业发展水平和产业结构调整的转移战略。西部地区与标准供地结构相差较远，如西藏、新疆、内蒙古、甘肃、宁夏等地，偏离度分值一般都超过了 0.3，这是由于这些地区住宅用地和工业用地供地比例超过标准过多而商服用地供地较少，这与特殊资源禀赋和经济社会发展情况密切相关。而部分用地结构失衡的省份，由于其主体功能区的定位导致地区产业发展有所偏离，例如海南，偏离度分值为 0.32，是因为其住宅用地、商业用地比例过高，约为标准比例的 2 倍，而工业用地约为标准比例的一半。可见，我国省际建设用地结构偏离程度及其偏离原因存在空间差异。

（2）偏离度分值梯度差异：我国建设用地结构偏离度从东南沿海向西北内陆两个梯度分化的现象。我国东、中部以及南部部分省份用地结构与标准供地结构拟合程度较好。其中，15 个省份的偏离度小于 0.13，大部分都保持在 0.1 以下；而我国西部、北部地区用地结构普遍存在不均衡的问题，偏离度一般都在 0.2 以上，其中，6 个省份的偏离度达到了 0.25 以上。

（四）用地结构与经济发展关系

此外，采用地均 GDP 表示区域经济发展水平，运用 Pearson 相关性系数对区域经济发展水平和建设用地结构偏离度进行检验，发现两者在 0.05 置信水平上呈现显著负相关关系，相关系数为 − 0.409（见表 4 − 3）。这说明区域经济发展水平越高，建设用地结构偏离度越低。这是因为区域经济的发展，必然带动产业结构的优化和城镇化水平的提升，进而推动建设用地供应结构调整，建设用地配置趋向合理。

表 4 − 3 　　　　　区域经济发展水平与用地结构相关性分析

项目		地均 GDP	结构偏离度
地均 GDP	Pearson 相关性	1	− 0.409*
	显著性（双侧）		0.025
	N	30	30
结构偏离度	Pearson 相关性	− 0.409*	1
	显著性（双侧）	0.025	
	N	30	30

注：＊表示在 0.05 水平（双侧）上显著相关。
资料来源：根据中国统计年鉴和中国国土资源统计年鉴相关数据计算。

第三节　土地资源空间错配测度模型

一、土地资源空间错配界定

土地资源空间错配是指土地资源在不同地区之间配置状态偏离有效配置的

状态。如何界定土地资源空间错配？现在普遍的做法是用土地供应中协议出让面积或划拨面积占土地供应面积的比例，比例越大说明政府参与土地资源配置的程度越高、土地市场化供应比例越低，土地资源错配程度越高。如上所述，该做法忽略了市场错配机制的存在，尤其是在我国土地市场发育比较滞后的现实情形下，低估了土地资源错配程度。鉴于此，我们考虑政府错配和市场错配双重作用，采用区域内部各用地单元土地资源最优配置规模与现实配置规模之比来衡量土地资源空间错配。

二、土地资源空间错配模型构建

假设有 N 个地区（N 属于自然数），每个地区有 M 种用地类型。则该区域的土地总产出函数可表示为：

$$Y = \sum_{i}^{N} \left[F_i(A_i, K_i, L_i, S_i) + E_i(S_i) \right] \tag{4-2}$$

式（4-2）中，Y 表示区域总产出，L 表示劳动规模，K 表示资本存量，S 表示土地规模，A 表示技术水平，E 表示外部性收益，i 表示第 i 个地区。第 i 个地区区域土地边际收益可表示为：

$$MPS_i = \frac{\partial(F_i)}{\partial S_i} + \frac{\partial(E_i)}{\partial S_i} \tag{4-3}$$

根据土地资源错配理论，当土地资源空间配置最优时，各地区土地边际收益应满足：

$$MPS_1 = MPS_2 = \cdots = MPS_N \tag{4-4}$$

土地资源包括耕地、林地、园地、草地、住宅用地、工业用地、商业用地、交通运输用地等多种类型。理论上，土地资源空间配置需要统筹考虑各类用地在不同地区之间的配置。土地资源空间错配也应关注各类用地在不同地区之间的错配情况。考虑到数据的可得性和研究的复杂性，我们重点研究建设用地这一用地类型，此处 M 取值为 1，探讨建设用地在不同地区之间的错配情况。

假设第 i 个地区建设用地实际配置规模为 S_i，最优配置规模为 $S_i^\#$，则该地区土地资源空间错配程度可表示为：

$$LSD_i = (S_i - S_i^\#)/S_i^\#, \ i \in N \tag{4-5}$$

当 $LSD_i = 0$ 时，表明建设用地实际配置量等于最优配置量，不存在资源错配；当 $LSD_i > 0$，表明建设用地实际配置量大于最优配置量，称之为过度错配，LSD_i 越大表明过度错配程度越高；当 $LSD_i < 0$，表明土地资源实际配置量小于最优配置量，称之为短缺错配，LSD_i 越小表明短缺错配程度越高。

第四节　土地资源空间错配测度与特征分析

一、模型形式与变量设置

建设用地承载了主要非农经济活动，与劳动、资本等要素一样，共同促进了区域产出。而 C—D 生产函数不仅可以用来表示农业部门各要素及其产出关系，还能很好地解释非农部门中各要素及其产出关系。因此，采用 C—D 生产函数来刻画区域投入要素与产出之间的关系是可行的。

同样，假设建设用地为独立的生产要素，在非农业部门建设用地作为主要的土地投入要素，为非农生产提供生产空间与载体。将土地与资本、劳动等要素一同纳入区域产出函数之中，进而构建拓展的 C—D 生产函数作为区域产出函数形式，则区域总产出函数可表示为：

$$Y = \sum_i^N \left[A_i K_i^{\alpha_i} L_i^{\beta_i} S_i^{\gamma_i} + E_i(S_i) \right] \tag{4-6}$$

式（4-6）中，α_i、β_i、γ_i 分别表示第 i 个地区资本要素、劳动要素、土地要素的产出弹性，Y 表示 N 个地区产出之和，E_i 表示建设用地的外部性，S_i 表示第 i 个地区建设用地配置规模，其他变量含义同上。

为方便计算，我们将中国 31 个省份分为东部、中部、西部三个区域，建设用地空间错配仅是建设用地在三个区域的错配。因此，生产函数变量设置与上述表示一致，资本要素投入量我们采用资本存量来衡量，计算方法、折旧率参考单豪杰算法，当年投资额用第二、第三产业固定资产投资表示。劳动要素投入量采用第二、第三产业从业人员数量表示。建设用地主要指居民点及工矿用地、交通运输用地和水利设施用地。此处仅考虑建设用地负外部性，负外部性计算方法参考式3－7。变量数据具体来源与计算方法见第三章。

二、建设用地空间错配测度

（一）建设用地空间配置最优规模

土地资源空间错配反映了建设用地在地区间的不合理配置程度，探讨土地空间错配程度、特征及区域差异，有助于缓解用地供需矛盾，为建设用地增量合理分配提供借鉴。由建设用地空间错配定义可知，估算建设用地空间最优配置规模是测度建设用地空间错配程度的前提。根据生产函数估计结果，分别对东部、中部、西部地区生产函数求导，根据建设用地边际总收益相等原则建立等式，可以得出1996～2015年我国东部、中部、西部地区建设用地最优配置规模（见表4－4）。

表4－4　　　　　　　　　　　中国土地资源空间错配程度

年份	空间最优配置规模（万公顷）			空间错配率（％）		
	东部地区	中部地区	西部地区	东部地区	中部地区	西部地区
1996	3 319.00	177.65	50.55	－61.80	606.90	1 925.16
1997	3 333.09	175.76	55.25	－61.71	616.37	1 762.08
1998	3 338.99	183.99	59.76	－61.46	585.83	1 630.25
1999	3 353.08	185.68	62.61	－61.62	581.08	1 559.58
2000	3 372.36	184.83	63.45	－61.23	585.79	1 547.75
2001	3 390.28	186.86	64.16	－61.08	580.38	1 537.39
2002	2 859.85	158.03	54.51	－60.98	566.71	1 556.58
2003	2 897.69	155.50	53.28	－60.90	582.37	1 612.65
2004	2 950.48	152.85	51.79	－60.65	599.32	1 686.56

年份	空间最优配置规模（万公顷）			空间错配率（%）		
	东部地区	中部地区	西部地区	东部地区	中部地区	西部地区
2005	2 991.47	150.95	50.08	−60.54	612.29	1 770.62
2006	3 031.91	154.52	50.27	−60.33	603.15	1 784.62
2007	3 065.07	157.19	49.84	−60.14	596.09	1 818.73
2008	3 091.35	163.14	51.12	−59.95	575.45	1 788.80
2009	3 131.32	170.80	52.82	−59.97	557.50	1 752.62
2010	3 179.39	178.07	54.36	−60.12	542.88	1 737.93
2011	3 307.76	186.34	57.76	−59.82	542.09	1 676.90
2012	3 398.26	196.49	60.97	−59.75	522.43	1 646.79
2013	3 476.83	205.23	63.65	−59.55	512.68	1 599.69
2014	3 526.71	210.05	65.83	−59.61	506.22	1 578.04
2015	3 571.61	218.99	68.88	−59.61	488.77	1 536.86

注：空间错配率中带"－"号表明该地区建设用地错配类型为短缺错配，反之为过度错配。

资料来源：根据中国统计年鉴和中国国土资源统计年鉴等相关数据计算。

由表4－4可知，1996～2015年我国东部地区最优配置规模最大，平均占比93.22%，中部地区次之，平均占比5.13%，西部地区最少，仅为1.65%。可见建设用地空间配置规模差异悬殊，导致这一结果的原因可以从两方面进行解释。一是各地区建设用地边际收益差距较大。土地资源最优配置的标准是各地区土地边际总收益相等。虽然我们考虑了建设用地边际负外部性，在一定程度上减少了区域土地边际收益的差距，但是各地区建设用地边际总收益差距仍然很大。以2015年为例，东部、中部、西部建设用地边际总收益之比为24.00∶2.45∶1.00。建设用地边际收益差越大建设用地空间配置规模差距越大。二是没有考虑建设用地配置的公平性和资源禀赋异质性。建设用地具有公共属性，建设用地配置不仅需要追求用地效率，还要注重区域公平和禀赋异质性。本书采用土地边际收益相等作为最优配置原则，没有考虑土地配置的区域公平性和区域资源禀赋异质性，导致空间配置规模差异较大。另外，建设用地配置公平性当前很难去定量表征，本书没有将其纳入土地边际总收益之中。如何将用地经济效率和社会公平统筹兼顾来衡量建设用地配置合理性，也是需要探讨的方向。

从时序变化来看，1996～2015 年中国建设用地最优配置规模结构比由最初的 65. 66∶3. 51∶1. 00 调整为 51. 85∶3. 18∶1. 00，表明中国建设用地空间最优配置规模进一步趋向均衡，东部地区、中部地区、西部地区建设用地边际收益差在不断缩小。土地资源部门和空间最优配置规模能够为中国建设用地总量控制、耕地保护与增量分配提供决策依据。

（二）建设用地空间错配测度结果

根据建设用地最优配置估算结果，运用式（4 - 5）可估算出 1996～2015 年三大区域建设用地空间错配率（见表 4 - 4）。在建设用地总量一定的前提下，对建设用地在不同地区之间的配置状态进行改进，必然出现某一地区配置规模增加，而另一地区配置规模减少的情况。因此，空间错配率也会出现正号和负号的情况，不代表数值的大小。空间错配率为负，表明该地区建设用地错配类型为短缺错配，反之为过度错配。从空间错配率来看，东部地区空间错配率为负，中部、西部地区错配率为正，表明东部地区建设用地错配类型为短缺错配，建设用地需求得不到满足，中西部地区建设用地错配类型为过度错配，建设用地配置过多。

第五节　建设用地空间错配特征

根据建设用地空间错配结果，我们进一步对建设用地空间错配类型、错配成因、错配程度变化趋势等进行探讨，以更好地为建设用地优化配置提供参考。可以发现，我国建设用地空间错配存在以下特征（见图 4 - 7）。

（1）建设用地错配类型存在地区差异，短缺错配与过度错配并存。1996～2015 年，中国东部地区建设用地空间错配类型为短缺错配，中西部地区为过度错配。由于东部地区建设用地边际收益远高于中西部地区，在不考虑用地配置公平性和地区资源禀赋异质性的前提下，东部地区成为优先配置区。建设用地空

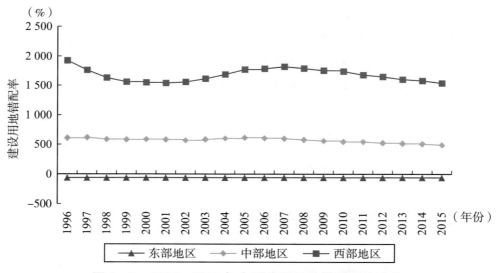

图 4 - 7　1996 ~ 2015 年中国建设用地错配程度变化

资料来源：根据中国统计年鉴和中国国土资源统计年鉴等相关数据计算。

间最优配置规模也表明，东部地区应是建设用地主要配置区，但实际配置中受地区公平、政策制度、人口分布、产业经济发展等因素影响，建设用地在东部、中部、西部地区的配置并未完全按照边际产出收益进行配置，而是更趋向均等化配置（东、中、西部地区实际配置规模平均占比为 36.79% : 34.10% : 29.10%）。东部地区因建设用地规模得不到安排而出现配置短缺，中、西部地区相对东部地区建设用地因配置过多而出现配置过度，造成建设用地整体配置不合理。

（2）建设用地错配程度地区差异显著。1996 ~ 2015 年，我国三大区域建设用地空间错配程度差异显著。就错配率来看，近 20 年，我国东部、中部、西部地区平均错配率分别为 60.54%、568.22%、1 675.48%，由东向西错配程度逐步增加。西部地区错配率最高达到 1 925.16%，是同期东部地区和西部地区的 31.15 倍和 3.17 倍，虽然近年来差距有所缩小，但仍然悬殊。这也表明中、西部地区建设用地实际配置量与最优配置量存在显著的差距。一方面是由地区之间建设用地实际边际收益差值所决定，西部地区建设用地边际收益较低，配置量应减少，导致空间错配程度较高。另一方面则是建设用地边际收益没有考虑用地配置的区域公平性和资源禀赋异质性，造成中、西部地区空间错配程度较高。

（3）近 20 年，中国建设用地空间错配程度有明显的减弱趋势。1996～2015 年东部地区建设用地空间错配率呈现逐步下降的趋势，由 61.8% 下降为 59.61%，年均减少 0.18%，总体错配程度得到一定缓解。中部地区和西部地区空间错配率分别由 1996 年的 606.90%、1 925.16% 下降为 2015 年的 488.77%、1 536.86%，年均降幅分别为 0.97% 和 1.01%，相对下降幅度明显。虽然对错配程度而言，各地区建设用地空间错配率下降幅度不大，但也反映出中国建设用地空间错配程度有所缓解、配置结构不断优化。纠正建设用地空间错配、提升建设用地配置整体效率是当前建设用地配置必须要解决的问题。

第五章
土地资源错配效率损失
测度与特征分析

第一节　土地资源错配效率损失测度模型

土地资源错配必然带来效率损失。研究土地资源错配问题的最终目标是纠正土地资源错配，进而减少土地资源错配效率损失。因此，有必要对土地资源错配导致的效率损失进行探讨，为纠正土地资源错配、促进经济增长提供决策依据。

在区域生产函数模型估计、最优配置规模估算以及土地资源错配程度测算的基础上，我们进一步界定土地资源错配效率损失、损失类型，构建土地资源错配效益损失测度模型。所涉及的生产函数形式、变量设置与处理、数据来源等均与前文一致（下文不再赘述）。

一、土地资源部门错配效率损失模型

所谓土地资源部门错配效率损失是指，因土地资源在部门之间配置偏离有效配置状态，而造成的土地资源配置效率损失。在本书中，土地资源部门错配效率损失主要指农用地和建设用地在农业部门和非农业部门之间配置不合理，导致土地资源没有获得最大产出效益而损失的效率。为了便于衡量土地资源部门错配效率损失程度，我们定义一：土地资源部门错配效率损失等于当前土地资源部门配置效益与最优部门配置收益的差值占最优土地资源部门配置收益的比值。此时便存在两种情况：

若 $S^* < S_1$，即农业部门农用地最优配置规模小于现实配置规模，表示农地过度农用损失，土地资源部门错配效率损失可表示为：

$$\text{ELA} = \left(\int_{S-S_1}^{S-S^*} \text{MPS}_2 dS_2 - \int_{S^*}^{S_1} \text{MPS}_1 dS_1 \right) / \left(\int_0^{S-S^*} \text{MPS}_2 dS_2 + \int_0^{S^*} \text{MPS}_1 dS_1 \right) \quad (5-1)$$

若 $S^* > S_1$，即农业部门农用地最优配置规模大于现实配置规模，表示农地过度非农用损失，土地资源部门错配效率损失可表示为：

$$ELC = (\int_{S_i}^{S^*} MPS_1 dS_1 - \int_{S-S^*}^{S-S_i} MPS_2 dS_2)/(\int_{0}^{S-S^*} MPS_2 dS_2 + \int_{0}^{S^*} MPS_1 dS_1) \quad (5-2)$$

农地过度农用损失主要指农用地过度配置在农业部门，从而导致非农部门建设用地需求得不到满足，造成土地资源部门错配损失。农地过度非农化损失反映了农用地被建设用地过度占用，农业部门农用地需求得不到满足，造成土地资源部门错配损失。

二、土地资源空间错配效率损失模型

所谓土地资源空间错配效率损失是指因土地资源在地区之间配置偏离有效配置状态，而造成的土地资源配置效率损失。在本书中，土地资源空间错配效率损失主要指建设用地在不同地区间（东部、中部、西部）配置不合理，导致建设用地资源没有获得最大产出而损失的效率。为进一步衡量建设用地空间错配效率损失程度，我们定义二：土地资源空间错配效率损失等于当前土地资源空间配置效率与最优空间配置收益的差值占最优土地资源空间配置收益的比值。假设土地资源在空间上实现最优配置时，第 i 地区土地规模为 $S_i^\#$，实际各地区土地规模为 S_i 且 $\sum\limits_{i}^{N} S_i = S$，则土地资源空间错配效率损失可表示为：

$$ELS = (\sum_{i=1}^{N} \int_{0}^{S_i^\#} MPS_i dS_i - \sum_{i=1}^{N} \int_{0}^{S_i} MPS_i dS_i)/\sum_{i=1}^{N} \int_{0}^{S_i^\#} MPS_i dS_i \quad (5-3)$$

第二节　土地资源部门错配效率损失测度

一、土地资源部门错配效益损失率结果

土地资源部门错配必然带来土地资源部门配置效益损失，但由于边际收益

差的存在，错配程度与效益损失并不趋同。为进一步探讨土地资源部门错配而带来的效益损失、特征及其原因，运用土地资源部门错配效益损失模型，测算了 1996～2015 年中国土地资源部门错配效益损失（见表 5-1）。按照效益损失原因，将土地资源部门错配效益损失分为：因农地过度非农化带来的错配效益损失和因农地过度农用带来的错配效益损失，即农地非农化损失（FC）和农地农用损失（FF）。需要指出的是，全国层面的效益损失是指农用地和建设用地在全国农业部门和非农业部门之间的错配而导致的效益损失。东部效益损失是农用地和建设用地在东部地区农业部门和非农业部门之间的错配而导致的效益损失。中部、西部效益损失测算尺度与东部相同。所以由于测算尺度的不同，三大区域效益损失之和与全国效益损失之和并不一致。从总量上说，三大区域的部门错配效益损失之和大于全国尺度的效益损失，也说明了土地资源部门错配效益损失与部门尺度的选择密切相关。

二、土地资源部门错配效益损失占比

我们用土地资源部门错配年均效益损失占年均地区生产总值的比重表示土地资源部门错配效益损失对经济增长的影响程度。从表 5-1 和表 5-2 中可以看出，1996～2015 年我国土地资源部门错配带来了比较严重的效益损失。在全国层面，1996 年土地资源部门错配效益损失值达到 22 045.17 亿元，占当年全国国内生产总值的 31.24%。随着土地资源部门配置效率的改进，部门错配效益损失逐渐降低，2003 年达到最低值，占当年全国国内生产总值的 8.89%。2003～2015 年，我国土地资源部门错配效益损失值呈不断上升的趋势。2015 年土地资源部门错配效益损失值达到 23 982.84 亿元，占当年全国国内生产总值的 3.38%。在东部地区，因土地资源部门错配导致的效益损失也比较严重，1996～2015 年土地资源部门错配年均效益损失值达 27 733.72 亿元，部门错配效益损失最大占当年地区生产总值的 23.44%。可见，土地资源部门错配效益损失是经济效益损失的重要部分。

表 5－1　中国土地资源部门错配效益损失

年份	全国 效益损失（亿元）	损失率（%）	损失类型	东部地区 效益损失（亿元）	损失率（%）	损失类型	中部地区 效益损失（亿元）	损失率（%）	损失类型	西部地区 效益损失（亿元）	损失率（%）	损失类型
1996	22 045.17	3.22	FC	3 774.07	3.15	FC	5 204.14	3.76	FC	6 809.21	1.55	FC
1997	20 733.23	2.93	FC	3 705.27	2.91	FC	4 670.89	3.29	FC	6 289.56	1.39	FC
1998	19 094.77	2.71	FC	3 223.88	2.47	FC	3 524.76	2.51	FC	5 721.96	1.28	FC
1999	17 746.90	2.54	FC	3 172.36	2.39	FC	3 227.68	2.33	FC	5 170.09	1.17	FC
2000	17 076.31	2.42	FC	2 111.56	1.54	FC	2 931.85	2.11	FC	4 887.23	1.10	FC
2001	16 525.52	2.32	FC	1 763.42	1.25	FC	2 815.40	2.01	FC	4 822.59	1.08	FC
2002	11 183.55	1.58	FC	13 864.46	9.27	FF	2 513.46	1.79	FC	4 372.25	0.99	FC
2003	11 036.66	1.53	FC	18 316.06	11.35	FF	2 504.11	1.75	FC	4 243.97	0.94	FC
2004	11 510.49	1.52	FC	22 479.82	12.68	FF	2 433.24	1.63	FC	4 385.30	0.94	FC
2005	11 601.98	1.49	FC	27 797.45	14.34	FF	2 359.34	1.55	FC	4 257.42	0.90	FC
2006	11 961.00	1.50	FC	32 315.81	15.44	FF	2 284.02	1.47	FC	3 890.65	0.81	FC
2007	12 624.54	1.50	FC	37 439.48	16.25	FF	1 986.35	1.22	FC	3 470.43	0.69	FC
2008	13 599.23	1.52	FC	40 253.72	16.18	FF	1 655.58	0.96	FC	3 278.65	0.61	FC
2009	14 107.39	1.56	FC	47 921.90	17.88	FF	1 560.26	0.90	FC	2 963.49	0.56	FC
2010	15 394.26	1.63	FC	54 630.24	18.70	FF	1 422.99	0.79	FC	2 670.37	0.49	FC

续表

年份	全国				东部地区				中部地区				西部地区		
	效益损失（亿元）	损失率（%）	损失类型		效益损失（亿元）	损失率（%）	损失类型		效益损失（亿元）	损失率（%）	损失类型		效益损失（亿元）	损失率（%）	损失类型
2011	17 343.16	1.73	FC		48 497.52	15.61	FF		1 391.00	0.73	FC		2 685.89	0.46	FC
2012	19 022.26	1.84	FC		48 248.09	14.61	FF		459.38	0.23	FC		2 195.18	0.38	FC
2013	20 867.23	1.95	FC		46 287.66	13.17	FF		7 011.24	3.26	FF		1 702.33	0.29	FC
2014	22 474.94	2.03	FC		48 623.51	13.00	FF		6 428.51	2.93	FF		1 247.50	0.21	FC
2015	23 982.84	2.11	FC		50 248.10	12.80	FF		4 991.56	2.24	FF		764.83	0.13	FC

注：表中效益损失类型一列"FC"表示农地非农用损失，"FF"表示农地农用损失。

资料来源：根据中国统计年鉴和中国国土资源统计年鉴等相关数据计算。

　　在三大区域层面，2015 年东部地区土地资源部门错配效益损失占当年地区生产总值的 12.96%，仍然处于较高的损失水平。中部和西部地区因土地资源部门错配导致的效益损失值相对较小，但 1996～2015 年中部和西部地区土地资源部门错配效益年平均损失值也达到 3 068.79 亿元和 3 791.45 亿元[①]。从效益损失占 GDP 比重上看，中部、西部地区因土地资源部门错配导致的效益损失占地区 GDP 的比重正不断下降。中部地区由 1996 年的 26.20% 下降到 2015 年的 2.83%，西部地区由 1996 年的 54.74% 下降到 2015 年的 0.53%，表明中部和西部地区土地资源部门错配得到缓解。由上述分析可知，土地资源部门错配效益损失已成为阻碍我国经济增长的重要限制因素，纠正土地资源错配将成为经济增长的新的动力源泉。

表 5 - 2　　　　　　　　土地资源部门错配效益损失占 GDP 比重　　　　　　单位：%

年份	全国	东部地区	中部地区	西部地区
1996	31.24	9.86	26.20	54.74
1997	26.05	8.56	20.86	45.23
1998	22.17	6.85	14.64	38.27
1999	19.27	6.24	12.69	32.68
2000	16.64	3.68	10.49	28.29
2001	14.59	2.77	9.18	25.46
2002	8.89	19.48	7.47	20.86
2003	7.60	22.08	6.55	17.70
2004	6.60	22.60	5.30	15.15
2005	5.60	23.44	4.33	12.49
2006	4.94	23.33	3.60	9.64
2007	4.33	22.66	2.57	7.06
2008	3.89	20.74	1.75	5.43
2009	3.68	22.61	1.50	4.42

---

① 土地资源部门错配效益年平均损失值根据表 5 - 1 计算得出。

年份	全国	东部地区	中部地区	西部地区
2010	3.35	21.81	1.11	3.28
2011	3.15	16.51	0.89	2.68
2012	3.12	15.04	0.26	1.93
2013	3.12	13.15	3.67	1.34
2014	3.11	12.84	3.11	0.90
2015	3.38	12.96	2.83	0.53

资料来源：根据中国统计年鉴和中国国土资源统计年鉴等相关数据计算。

第三节　土地资源空间错配效率损失测度

一、土地资源空间错配效益损失率结果

土地资源空间错配必然带来总体效益的损失，但是损失程度如何、对局部地区用地效益有何影响，还需要进一步考察。根据建设用地空间错配程度测度结果，可以测算出1996~2015年土地资源空间错配效益损失（见表5-3）。

表5-3　　　　　　　　中国土地资源空间错配效益损失

年份	效益损失（亿元）				效益损失率（%）			
	东部地区	中部地区	西部地区	全国	东部地区	中部地区	西部地区	全国
1996	4 921.87	-246.33	-23.24	4 652.30	16.21	-15.15	-5.02	14.33
1997	5 962.35	-348.41	-83.84	5 530.09	16.03	-17.77	-13.60	13.91

续表

年份	效益损失（亿元）				效益损失率（%）			
	东部地区	中部地区	西部地区	全国	东部地区	中部地区	西部地区	全国
1998	6 813.57	−449.65	−139.92	6 224.01	15.86	−18.99	−18.20	13.50
1999	7 641.35	−523.75	−181.83	6 935.77	15.88	−19.65	−20.24	13.42
2000	8 566.17	−593.23	−211.86	7 761.08	15.73	−19.87	−20.67	13.27
2001	9 362.04	−705.89	−276.70	8 379.44	15.59	−21.32	−24.34	12.99
2002	10 058.05	−809.58	−344.55	8 903.93	15.47	−22.53	−27.80	12.75
2003	11 508.59	−934.83	−401.45	10 172.31	15.41	−23.32	−29.23	12.70
2004	13 277.13	−1 068.26	−453.73	11 755.15	15.31	−23.77	−29.80	12.67
2005	15 358.09	−1 208.04	−496.30	13 653.74	15.27	−23.81	−29.48	12.72
2006	17 247.60	−1 404.47	−584.68	15 258.44	15.17	−24.23	−31.01	12.57
2007	19 579.45	−1 629.79	−676.72	17 272.95	15.08	−24.47	−32.05	12.46
2008	21 431.52	−1 860.10	−791.48	18 779.94	14.97	−24.63	−33.44	12.27
2009	23 992.88	−2 205.30	−970.22	20 817.36	14.93	−25.16	−35.79	12.09
2010	26 980.36	−2 566.17	−1 149.52	23 264.67	14.95	−25.39	−37.26	12.01
2011	29 660.61	−2 869.25	−1 298.67	25 492.69	14.84	−25.48	−37.20	11.87
2012	32 468.21	−3 183.61	−1 465.00	27 819.61	14.81	−25.11	−37.24	11.79
2013	35 639.98	−3 459.58	−1 559.17	30 621.22	14.77	−24.29	−35.30	11.78
2014	39 010.94	−3 785.26	−1 725.83	33 499.84	14.79	−24.10	−35.07	11.78
2015	41 649.79	−4 214.54	−1 994.21	35 441.05	14.75	−24.34	−36.62	11.62

资料来源：根据中国统计年鉴和中国国土资源统计年鉴等相关数据计算。

在建设用地总量控制的情况下，对建设用地在不同地区之间的配置状态进行改进，必然出现某一地区配置规模增加，而另一地区配置规模减少的情况。因此，建设用地空间错配效益损失值和损失率有正、有负。建设用地空间错配效益损失为正，表明该地区现状配置中，建设用地供给不足，导致该地区产出效益损失。如果进行建设用地空间优化配置，增加该地区建设用地供给，则全社会建设用地产出效益增加，该地区产出效益亦增加。建设用地空间错配效益损失为负，表明该地区现状配置中，建设用地倾斜性供给，该地区产出效益增加。但是如果进行建设用地空间优化配置，将该地区用地增量配置到边际产出更好的地区，则全社会建设用地产出效益会增加，该地区产出效益减少。

二、土地资源空间错配效益损失占比

从表 5 - 3 中可以看出，1996～2015 年我国建设用地空间错配带来了更为严重的效益损失。从全国年均效益损失来看，20 年间我国建设用地空间错配年均效益损失达到 16 611.78 亿元，大于土地资源部门错配年均效益损失。东部地区建设用地空间错配效益损失最大，年均损失达到 19 056.53 亿元。中部、西部地区年均效益损失为 - 1 703.30 亿元、- 741.45 亿元，表明建设用地空间最优配置时，中、西部地区产出效益将减少。这是因为现有建设用地空间配置过程中，向中、西部地区进行了倾斜，中、西部地区因倾斜性配置政策获得了额外的产出效益，如果按照边际收益相等原则进行重新配置，会减少该地区建设用地配置，增加东部地区用地配置，进而使中、西部地区产出效益减少。

我们用建设用地错配年均效益损失占年均地区生产总值的比重表示建设用地空间错配效益损失对经济增长的影响程度（见表 5 - 4）。可以发现，1996～2015 年，我国建设用地错配年均效益损失占年均 GDP 的比重达到 6.88%，大于土地资源部门错配效益损失占 GDP 的比重，表明土地资源空间错配比部门错配对我国经济增长的影响更大。分地区看，我国东部、中部、西部建设用地错配年均效益损失占年均 GDP 的比重分别为 12.44%、- 2.03%、- 1.27%，东部错配效益损失最大，表现为短缺错配，而中、西部地区为过度错配，给该地区带来的额外产出效益占该地区 GDP 比重的 2% 左右，无法弥补因东部地区短缺错配带来的效益损失。可见，我国建设用地空间错配效益损失比较严重，优化建设用地空间配置，能够大幅减少土地资源错配效益损失，有力促进地区经济增长。

表 5 - 4　　　　　土地资源空间错配效益损失占 GDP 比重　　　　单位：%

年份	全国	东部地区	中部地区	西部地区
1996	6.97	12.86	- 1.24	- 0.19
1997	7.49	13.78	- 1.56	- 0.60
1998	7.91	14.47	- 1.87	- 0.94
1999	8.30	15.03	- 2.06	- 1.15
2000	8.35	14.92	- 2.12	- 1.23
2001	8.27	14.71	- 2.30	- 1.46
2002	8.00	14.13	- 2.41	- 1.64
2003	7.93	13.87	- 2.44	- 1.67
2004	7.61	13.35	- 2.32	- 1.57
2005	7.41	12.95	- 2.22	- 1.46
2006	7.12	12.45	- 2.22	- 1.45
2007	6.71	11.85	- 2.11	- 1.38
2008	6.14	11.04	- 1.96	- 1.31
2009	6.26	11.32	- 2.11	- 1.45
2010	5.87	10.77	- 2.01	- 1.41
2011	5.39	10.10	- 1.83	- 1.30
2012	5.33	10.12	- 1.83	- 1.29
2013	5.32	10.13	- 1.81	- 1.23
2014	5.39	10.30	- 1.83	- 1.25
2015	5.87	10.74	- 2.39	- 1.38

资料来源：根据中国统计年鉴和中国国土资源统计年鉴等相关数据计算。

第四节　土地资源错配效率损失时空特征

一、土地资源部门错配效率损失时空特征

根据土地资源部门错配效益损失值、损失率及其变化，可以发现 1996 ~

2015 年我国土地资源部门错配效益损失具有以下特征：

（1）中国土地资源部门错配效益损失程度存在地区差异，东部成为效益损失的主要区域。从效益损失值来看（见表 5－1），1996～2015 年因土地资源部门间错配引起的年平均效益损失达到 16 496.57 亿元，2015 年达到最大值 23 982.84 亿元。20 年间东部地区土地资源部门错配效益损失值最高，年平均效益损失达 27 733.72 亿元，中部和西部地区效益损失年平均值为 3 068.79 亿元和 3 791.44 亿元，远远低于东部和全国水平。可见，我国土地资源部门错配效益损失地区差异显著，东部成为我国土地资源部门错配效益损失的主要区域。

从效益损失率来看，1996～2015 年我国土地资源部门错配年均效益损失率为 1.98%，东部、中部、西部分别为 10.75%、1.87%、0.80%。东部地区依然是错配效益损失率最高的区域，中部、西部地区远小于东部地区。虽然东部地区土地资源部门错配程度不高，但是由于东部农业与非农业部门收益差远大于其他地区，造成东部地区土地资源错配效益损失尤为严重。土地资源部门错配效益损失值和损失率的地区差异告诉我们，在优化土地资源部门配置时，应优先考虑如何减少东部地区土地资源部门错配问题。

（2）中国土地资源部门错配效益损失整体上呈现先下降再上升的特征，局部变动不规律（见图 5－1 和图 5－2）。全国层面，1996～2003 年我国土地资源部门错配效益损失值处于下降阶段，随后效益损失值呈上升趋势。土地资源部门错配效益损失率同样呈先下降后上升的变化特征，不同的是变化的阶段发生了改变，拐点在 2005 年。我国土地资源部门错配效益损失的这一变化特征说明，在 2003 年以前，土地资源配置效益逐步得到改善，土地资源部门错配效益损失得到缓解，但是随后农用地与建设用地在部门间的配置效率降低，部门错配效益损失呈增加趋势。

地区层面，东部和中部土地资源部门效益配置使效益总体得到了提升，效益损失和效益损失率呈现"下降—上升—下降"的波动性特征。这主要是由于东部和中部地区土地资源部门错配类型发生了改变。在早期（东部拐点在 2002 年，中部拐点在 2013 年），建设用地边际产出效益比较低，此时处于农用地非农化错配时期，随着非农经济发展，建设用地边际收益逐渐提升，土地资源部门配置情况逐步改善，部门错配效益损失减少。然而随着城镇化进程的快速推进，建设用地边际收益迅速提升，大于农用地边际收益，进入农地农用错配阶段，部门效益损失增加，但随着部门配置方式和土地政策的及时调整，效益损失开始减缓。西部土地资源部门错配效益损失和损失率均呈现明显下降趋势，说明西部地区土地资源部门错配现象得到缓解，土地资源部门配置效益正逐步提升。

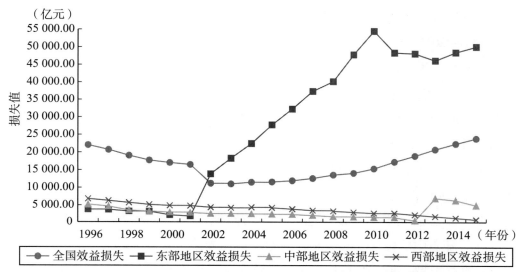

图 5－1　中国土地资源部门错配效益损失值变动趋势

资料来源：根据中国统计年鉴和中国国土资源统计年鉴等相关数据计算。

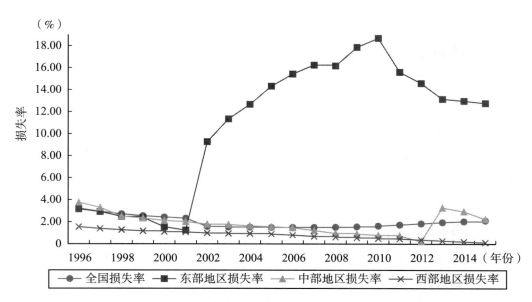

图 5－2　中国土地资源部门错配效益损失率变动趋势

资料来源：根据中国统计年鉴和中国国土资源统计年鉴等相关数据计算。

（3）中国土地资源部门错配效益损失类型呈现不断变动和地区差异特征。按照部门错配类型划分，1996～2015年全国和西部地区土地资源部门错配效益损失类型均为农地非农化损失。这表明考虑部门外部性后，全国和西部地区农用地整体收益大于建设用地，农用地配置短缺，相对建设用地过度配置，占用了农用地资源，造成农地非农化损失，此时应适当增加农用地配置规模。

1996～2015年，东部和中部土地部门错配效益损失类型由农地非农化转变为农地农用损失，说明该地区农用地整体收益早期大于建设用地，建设用地过度配置，造成农地过度非农化损失。但随着非农产业的发展，建设用地边际产出提升速度加快，建设用地整体收益开始大于农用地，建设用地出现短缺配置，农用地过度配置，造成农地过度农用效益损失。从图5－2可以看出，东部效益损失类型拐点为2001年。2001年至今东部一直是我国社会经济发展的排头兵，建设用地边际产出效益得到迅速提升，部门收益差扩大，土地资源部门配置效益损失和效益损失率增加，且远大于中西部地区。中部效益损失类型拐点为2013年，随着中部崛起战略实施，中部建设用地边际收益增幅较快，大于农用地边际收益增幅，部门收益差扩大，导致农地过度农用损失，但其边际收益差增幅小于东部。

二、土地资源空间错配效率损失时空特征

根据土地资源空间错配效益损失值、损失率及其变化，可以发现1996～2015年我国土地资源空间错配效率损失具有以下特征：

（1）土地资源空间错配区域效益损失差异明显、整体效益损失严重。1996～2015年，东部建设用地空间错配效益损失和效益损失率为正，说明该地区建设用地实际配置规模效益小于最优配置规模效益，属于短缺错配，损失了一定效益。中、西部地区效益损失和损失率为负，说明该地区建设用地实际配置规模效益大于按边际收益相等进行配置的用地效益。可见，建设用地空间错配减少了东部配置效益，向中、西部倾斜配置并给中、西部带来了一定效益。

但从全国来看（见表5－3），东部因短缺错配减少的效益（年平均效益19 056.53亿元）远大于中部和西部过度错配带来的效益（年平均效益2 444.75

亿元），导致整个社会配置效益减损。这说明，目前的建设用地配置方式在一定
程度上提升了中、西部地区的产出效益，但给整个社会效益带来了减损，空间
配置结构有待改进。当然，在资源配置中效率与公平性同样重要，但增加建设
用地配置规模并不是治本之法，纠正错配的根本途径是提升中、西部地区建设
用地边际产出。

（2）1996～2015年中国土地资源空间错配效益损失值不断增加，但效益损
失程度逐渐降低。从效益损失率来看（见表5-3），东部建设用地空间错配效益
损失率逐渐降低，中、西部不断增加，但全国空间错配效益损失率仍不断降低，
由1996年的14.33%下降到2015年的11.62%，年均下降0.95%。建设用地空
间错配效益损失率下降的主要原因有两个。一是地区之间建设用地边际收益不
断缩小。1996～2015年东部、中部、西部地区建设用地边际收益平均增长幅度
分别为36.55%、51.00%、64.53%，中、西部建设用地边际收益增幅大于东
部，三大区域之间的用地边际产出在进一步缩小，地区收益差随之缩小。二是
建设用地空间错配结构在不断调整与优化。1996～2015年中国建设用地空间错
配率不断降低、配置结构不断优化，东部、中部、西部建设用地收益平均增加
幅度为42.29%、52.50%、71.57%[1]，中部和西部地区收益增幅大于东部地区，
地区收益差缩小。

从效益损失值来看（见表5-3），中、西部因空间错配导致的建设用地效益
值有所增加，而东部建设用地配置效益大量减损，全国建设用地空间错配效益
损失值由4652.30亿元扩张到35441.05亿元。虽然1996～2015年中、西部建
设用地边际收益和总收益增长幅度大于东部地区，建设用地错配程度和效益损
失有所缓解，但是中、西部与东部地区收益差绝对量仍在增加，造成土地资源
空间错配效益损失值增加。

（3）土地资源空间错配和部门错配均导致了地区产出效益损失，但对地区
产出效益损失的影响程度存在阶段性差异。1996～2003年，我国土地资源错配
且空间错配效益损失比部门错配效益损失更为严重。由表5-1和表5-3可知，
1996～2015年我国土地资源部门错配年均效益损失为16496.57亿元，土地资源
空间错配效益损失为19056.53亿元，土地资源部门错配和空间错配均造成了区

---

① 建设用地收益根据生产函数估算得到。

域产出效益损失。那么，土地资源部门错配、空间错配哪个对我国经济增长的影响更大？或者我国土地资源错配首要纠正的是部门错配还是空间错配？这就需要我们进一步比较土地资源部门错配效益损失与空间错配效益损失。

按照土地资源错配效益损失对地区产出效益损失的贡献大小，1996~2003年，我国土地资源部门错配效益损失普遍大于空间错配效益损失，土地资源部门错配效益损失占当年 GDP 比重的 7.6%~31.24% 之间，空间错配效益损失占当年比重的 6.97%~8.35%。可见，土地资源在部门之间的错配效益损失对地区产出效益的影响更大。为提高地区产出效益增加，该阶段应优先纠正土地资源部门错配。2004~2015 年，土地资源空间错配更为突出，错配效益损失大于部门错配。土地资源空间错配效益损失占当年 GDP 比重的 5.32%~7.61% 之间，部门错配效益损失占当年 GDP 的比重的 3.11%~6.60% 之间。该阶段土地资源空间错配效益损失对地区产出效益损失的贡献明显大于部门错配，土地资源优化配置的重点应是纠正土地资源空间错配问题。

土地资源错配效益损失对地区产出效益损失的影响程度存在阶段性差异，与我国土地资源配置政策与区域发展战略有着必然的联系。在早期（1996~2003 年），我国城镇化进程和非农经济发展迅速，建设用地的需求急剧增加，就地城镇化、分税制改革、土地有偿使用制度等政策实施，造成了大量农用地流转为城市建设用地，地区之间建设用地配置相对充足，建设用地边际产出效益不高。尤其是农用地考虑了生态服务价值之后，该阶段非农部门土地边际产出比较优势尚不明显，便造成了农地过度非农化，部门错配比较严重。但是随着城市规模扩张、耕地保护压力增大等资源环境问题的约束，我国强化耕地保护制度与建设用地总量控制制度，建设用地占用农用地尤其是耕地的势头得到了缓解。然而此时，我国非农经济快速发展，非农部门土地边际产出快速增长，大于农用地边际产出，建设用地开始出现短缺配置。在有限的建设用地资源供给下，既要兼顾地区均衡发展又要追求产出效益增长，便导致部分地区建设用地得不到满足，造成建设用地空间错配损失加剧。由此造成该阶段建设用地空间错配效益损失大于部门错配效益损失。

第六章
土地资源省际错配与实证

第一节　土地资源省际错配界定

一、土地资源省际错配

根据资源错配理论，土地资源错配在不同尺度范围内，错配类型、错配形式、错配程度、效益损失都是不一致的。关注土地资源错配问题，必须清晰界定错配发生在什么尺度和范围。我们探讨了土地资源在中国及三大区域范围内的错配，本章将重点关注土地资源在省际空间的错配。

所谓土地资源省际错配是指土地资源在省际间的配置偏离土地资源有效配置的状态。当各省份土地资源边际产出在截面上不相等时，便出现了省际错配。土地资源省际错配是空间错配的一种，按照用地类型的不同，土地资源省际错配又可以分为农用地省际错配和建设用地省际错配等。考虑到建设用地总量控制和增量分配是我国土地资源配置的重点内容，也是我国土地管理参与宏观调控的重要手段，本章主要探究建设用地在各省份之间的错配，土地资源省际错配则主要指建设用地省际间的错配。

二、建设用地省际错配

建设用地省际错配是指建设用地资源在省际间的配置偏离建设用地有效配置的状态。当各省份建设用地边际产出在截面上不相等时，便发生了建设用地省际错配。在省际层面，各省份社会经济发展水平、发展速度、发展方式存在差异，所面临的资源环境约束亦不相同，建设用地节约利用水平便存在差异，对建设用地的需求也必然不一致。如果建设用地在省际间配置未充分考虑到各省份建设用地需求与建设用地利用效率，便会发生建设用地供给与需求不匹配、低效限制利用与过度开发利用并存的现象，建设用地错配发生。

三、研究区域选择

长江中游城市群，是一个发展中的城市群概念。该城市群以武汉为中心，是以武汉城市圈、环长株潭城市群、环鄱阳湖城市群为主体形成的特大型国家级城市群，规划范围包括：湖北省武汉市、黄石市、鄂州市、黄冈市、孝感市、咸宁市、仙桃市、潜江市、天门市、襄阳市、宜昌市、荆州市、荆门市，湖南省长沙市、株洲市、湘潭市、岳阳市、益阳市、常德市、衡阳市、娄底市，江西省南昌市、九江市、景德镇市、鹰潭市、新余市、宜春市、萍乡市、上饶市及抚州市、吉安市的部分县（区）。长江中游城市群的土地面积约32.61万公顷，总人口1.25亿人。长江中游城市群承东启西、连南接北，是长江经济带的重要组成部分，也是实施促进中部地区崛起战略、全方位深化改革开放和推进新型城镇化的重点区域，在我国区域发展格局中占有重要地位。研究长江中游城市群的土地资源错配问题，对整个城市群的发展有重要指导意义。

第二节　长江中游城市群建设用地现状分析

一、长江中游城市群人口经济概况

（一）人口概况

长江中游城市群山水相连、人文相亲，具有浓厚的人文基础。城市群临江沿海，经济腹地广阔，拥有一批现代化港口群、区域枢纽机场以及铁路、公路交通干线，基本形成了密集的立体化交通网络，综合交通枢纽建设取得积极进展，在全国综合交通网络中具有重要的战略地位。长江中游城市群以武汉、长沙、南昌为中心的武汉城市圈、环长株潭城市群、环鄱阳湖城市群发展迅速，形成了一批各具特色的中小城市和小城镇，生态环境容量较大，城乡区域发展趋于协调。同时，长江中游城市群城镇化率平均水平高出全国同期2.5个百分点，城镇化基础较好，为城市群在区域竞争力中提供了良好基础。

人口是城市的核心，是区域发展的核心要素，人口规模变化能够直接反映区域资源要素集聚特点以及区域竞争力的变化趋势。因此，我们从人口总量和增量两方面来考察长江中游城市群人口规模及其变化状况（见表6-1）。

表6-1　　　　　**2000～2015年长江中游城市群人口规模及变化**　　　单位：万人

城市	总人口				总人口增减量		
	2000年	2005年	2010年	2015年	2000～2005年	2005～2010年	2010～2015年
武汉	831.27	864.10	978.54	1 060.77	32.83	114.44	82.23
黄石	247.75	238.45	242.93	245.80	-9.30	4.48	2.87
宜昌	414.93	403.10	405.97	411.50	-11.83	2.87	5.53
襄阳	565.87	546.21	550.03	561.40	-19.66	3.82	11.37
鄂州	102.33	102.45	104.87	105.95	0.12	2.42	1.08
荆门	297.08	285.30	287.37	289.63	-11.78	2.07	2.26
孝感	499.25	465.97	481.45	487.80	-33.28	15.48	6.35
荆州	628.00	587.30	569.17	570.59	-40.70	-18.13	1.42
黄冈	710.90	673.40	616.21	629.10	-37.50	-57.19	12.89
咸宁	270.07	250.46	246.26	250.70	-19.61	-4.20	4.44
仙桃	147.41	137.30	117.51	115.50	-10.11	-19.79	-2.01
潜江	99.24	93.40	94.63	95.80	-5.84	1.23	1.17
天门	161.37	135.87	141.89	129.20	-25.50	6.02	-12.69
长沙	613.87	628.80	704.10	743.18	14.93	75.30	39.08

续表

城市	总人口				总人口增减量		
	2000 年	2005 年	2010 年	2015 年	2000 ~ 2005 年	2005 ~ 2010 年	2010 ~ 2015 年
株洲	358.18	379.00	385.71	400.05	20.82	6.71	14.34
湘潭	267.21	291.64	275.22	282.37	24.43	- 16.42	7.15
衡阳	678.49	726.50	714.83	733.35	48.01	- 11.67	18.52
岳阳	501.14	540.26	547.61	562.92	39.12	7.35	15.31
常德	574.09	608.50	571.46	584.39	34.41	- 37.04	12.93
益阳	430.91	463.00	430.79	441.02	32.09	- 32.21	10.23
娄底	378.32	412.04	378.46	387.18	33.72	- 33.58	8.72
南昌	433.17	451.61	504.23	530.29	18.44	52.62	26.06
景德镇	145.37	153.84	158.75	164.05	8.47	4.91	5.30
萍乡	172.47	182.15	185.45	190.11	9.68	3.30	4.66
九江	440.12	466.10	472.88	482.58	25.98	6.78	9.70
新余	107.18	111.59	113.89	116.67	4.41	2.30	2.78
鹰潭	102.71	108.20	112.52	115.33	5.49	4.32	2.81
吉安	436.09	469.62	481.03	489.90	33.53	11.41	8.87
宜春	507.98	533.76	541.96	551.20	25.78	8.20	9.24
抚州	357.24	381.31	391.23	399.28	24.07	9.92	8.05
上饶	597.77	635.15	657.97	671.51	37.38	22.82	13.54
合计	12 077.77	12 326.38	12 464.94	12 799.12	248.61	138.56	334.18

资料来源：根据湖北省、湖南省和江西省统计年鉴相关数据整理。

由表 6 - 1 可知，长江中游城市群 2000 ~ 2015 年人口规模是不断增加的，由 12 077.77 万人增加到 12 799.12 万人，增加量为 721.35 万人。虽然城市群总体上人口规模是增加的，但是城市群各城市单元人口规模呈现不同的变化。31 个城市中，大部分城市人口规模是不断增加的，如武汉、长沙、南昌等省会城市、人口规模增加幅度较大，人口增量近百万。但也有部分城市人口处于净流出状态，如黄石、宜昌、襄阳、荆门、孝感、荆州、黄冈、咸宁、仙桃、潜江、天门等，主要集中在湖北省，反映出湖北省人口流动地区发展不平衡、人口流动呈现两极分化的状态。江西、湖南两省城市人口规模总体是不断增加的，人口增量明显。

另外，长江中游城市群人口规模及其阶段性的变化特征，也折射出城市群近年来人口竞争力的提升。2000~2015 年，城市群人口规模增长幅度不断增加，虽然 2000~2005 年人口增量为 248.61 万人，但 2005~2010 年人口增量分别为 138.56 万人、334.18 万人，增量在不断扩大，城市群竞争力正在不断提升。湖北省大部分城市在 2000~2005 年人口处于减少状态，但是 2005~2010 年、2010~2015 年则处于人口增加状态，湖南、江西不同阶段的人口增量也比较明显，反映出近年来随着长江中游城市群发展战略的提出以及城市群一体化发展进程的加快，城市群整体竞争力在不断提升，未来有潜力发展成为超大城市群。

（二）经济概况

长江中游城市群人口众多、资源丰富，农业特别是粮食生产优势明显，工业门类较为齐全，形成了以装备制造、汽车及交通运输设备制造、航空、冶金、石油化工、家电等为主导的现代产业体系，战略性新兴产业和服务业发展迅速，综合经济实力较强。

为更好地直观地了解长江中游城市群的经济概况，我们主要从地区生产总值和全社会固定资产投资两方面进行考察。地区生产总值反映了地区所有常住单位在一定时期内生产活动的最终成果，是产出能力的直观表现。全社会固定资产投资是以货币形式表现的建造和购置固定资产活动的工作量，反映了资本的使用方向与结构。

地区生产总值及其变化不仅可以反映地区经济综合实力，同时能够反映地区发展潜力与发展前景、趋势。如表 6-2 所示，长江中游城市群的地区生产总值总体上不断增长，综合经济实力不断增强。长江中游城市群的地区生产总值从 2000 年的 7 762.72 亿元增长到 2015 年的 66 651.74 亿元，其中 2005~2010 年长江中游城市群地区生产总值的增长率高达 148.34%，说明长江中游城市群总体的经济发展状况较好。各城市单元地区生产总值总量不断增长且增长趋势明显。其中，武汉、长沙、南昌三个省会城市的地区生产总值明显高于所在省域的其他城市，武汉更是在 2015 年超过万亿元，经济实力雄厚。宜昌、襄阳、郴州、衡阳、岳阳、常德等城市地区生产总值处于第二梯队，超过 2 000 亿元，经济基础良好。

表 6－2　　　　2000～2015 年长江中游城市群地区生产总值

城市	2000～2015 年地区生产总值（亿元）				2000～2015 年地区生产总值变化率（％）		
	2000 年	2005 年	2010 年	2015 年	2000～2005 年	2005～2010 年	2010～2015 年
武汉	1 206. 84	2 261. 17	5 565. 93	10 905. 60	87. 36	146. 15	95. 93
黄石	182. 41	328. 19	690. 12	1 228. 10	79. 92	110. 28	77. 95
宜昌	358. 27	608. 06	1 547. 32	3 384. 80	69. 72	154. 47	118. 75
襄阳	368. 42	592. 33	1 538. 27	3 382. 12	60. 78	159. 70	119. 87
鄂州	90. 14	155. 03	395. 29	730. 01	71. 99	154. 98	84. 68
荆门	205. 53	309. 00	730. 07	1 388. 46	50. 34	136. 27	90. 18
孝感	194. 32	353. 42	800. 67	1 457. 20	81. 88	126. 55	82. 00
荆州	246. 51	393. 04	837. 10	1 590. 50	59. 44	112. 98	90. 00
黄冈	236. 96	348. 56	862. 30	1 589. 24	47. 10	147. 39	84. 30
咸宁	119. 34	204. 22	520. 33	1 030. 07	71. 12	154. 79	97. 96
仙桃	113. 08	144. 07	290. 97	597. 61	27. 41	101. 96	105. 39
潜江	83. 95	108. 82	290. 67	557. 57	29. 62	167. 11	91. 82
天门	87. 49	106. 56	219. 48	440. 10	21. 80	105. 97	100. 52
长沙	720. 84	1 519. 90	4 598. 30	8 630. 52	110. 85	202. 54	87. 69
株洲	291. 42	524. 14	1 275. 48	2 335. 11	79. 86	143. 35	83. 08
湘潭	213. 70	366. 84	894. 01	1 703. 10	71. 66	143. 71	90. 50
衡阳	353. 08	590. 86	1 420. 34	2 601. 58	67. 34	140. 39	83. 17
岳阳	364. 04	634. 87	1 539. 36	2 866. 28	74. 40	142. 47	86. 20
常德	348. 30	634. 17	1 491. 57	2 709. 02	82. 08	135. 20	81. 62
益阳	193. 61	194. 76	712. 28	1 354. 41	0. 59	265. 72	90. 15
娄底	168. 54	311. 11	687. 71	1 291. 66	84. 59	121. 05	87. 82
南昌	465. 14	1 007. 70	2 263. 19	4 000. 01	116. 64	124. 59	76. 74

城市	2000～2015 年地区生产总值（亿元）				2000～2015 年地区生产总值变化率（%）		
	2000 年	2005 年	2010 年	2015 年	2000～2005 年	2005～2010 年	2010～2015 年
景德镇	81.03	193.10	464.37	772.06	138.31	140.48	66.26
萍乡	83.21	228.09	539.82	912.39	174.11	136.67	69.02
九江	213.12	428.92	1 043.89	1 902.68	101.26	143.38	82.27
新余	64.94	177.32	631.69	946.80	173.05	256.24	49.88
鹰潭	51.02	106.52	342.20	639.26	108.78	221.25	86.81
吉安	164.86	303.14	731.58	1 328.52	83.88	141.33	81.60
宜春	199.97	372.20	889.11	1 621.02	86.13	138.88	82.32
抚州	119.21	388.11	735.51	1 105.14	225.57	89.51	50.26
上饶	173.43	388.10	919.54	1 650.81	123.78	136.93	79.53
合计	7 762.72	14 282.32	35 468.45	66 651.74	83.99	148.34	87.92

资料来源：根据湖北省、湖南省和江西省统计年鉴相关数据整理。

从地区生产总值变化情况看，长江中游城市群的地区生产总值增长幅度较快，经济发展趋势良好。2000～2005 年、2005～2010 年、2010～2015 年，长江中游城市群地区生产总值增长幅度较快，分别达到 83.99%、148.34%、87.92%，尤其是 2005～2010 年，地区生产总值翻倍，城市群经济发展势头良好。城市群各城市单元，发展速度得到迅速提升，尤其是 2005～2010 年，基本实现了五年翻一翻的壮举。2010～2015 年地区生产总值增长幅度普遍高于 2000～2005 年，这也说明了城市群经济增长趋势明显，未来仍将处于高速发展阶段。

固定资产投资是地区经济增长的重要引擎和前提保证，也是社会增加固定资产、扩大生产规模、发展国民经济的重要手段。固定资产投资及其变化不仅反映了地区经济增长的动力，同时能够反映出调整地区产业结构和生产力布局的能力。长江中游城市群 2000～2015 年固定资产投资额如表 6－3 所示。由表 6－3 可知，2000～2015 年长江中游城市群固定资产投资不断增加，经济发展动力十足。2000～2015 年长江中游城市群固定资产投资总额由 2000 年的 2 424.51

亿元增长到 2015 年的 59 632.02 亿元，其中 2005～2010 年固定资产变化率高达
318.90%。城市群内部，各城市单元固定资产投资规模均不断增加，增幅均在
10 倍以上，其中，襄阳、长沙、株洲、湘潭、南昌、新余、吉安、宜春、上饶
等城市固定资产投资增幅在 30 倍以上[①]，表现出强劲的增长动力。

表 6 - 3　　　　　2000～2015 年长江中游城市群固定资产投资

城市	2000～2015 年长江中游城市群 固定资产投资（亿元）				2000～2015 年 固定资产变化率（%）		
	2000 年	2005 年	2010 年	2015 年	2000～ 2005 年	2005～ 2010 年	2010～ 2015 年
武汉	461.93	1 055.20	3 753.17	7 725.26	128.43	255.68	105.83
黄石	73.21	106.46	474.06	1 380.02	45.42	345.29	191.11
宜昌	229.37	293.60	949.51	3 085.35	28.00	223.40	224.94
襄阳	80.47	150.65	803.44	3 071.90	87.21	433.32	282.34
鄂州	35.42	55.17	298.64	823.69	55.76	441.31	175.81
荆门	57.10	104.15	448.61	1 456.93	82.40	330.73	224.77
孝感	72.67	121.71	570.70	1 824.92	67.48	368.90	219.77
荆州	81.27	111.70	600.93	1 950.49	37.44	437.99	224.58
黄冈	87.19	158.56	650.11	1 958.40	81.86	310.01	201.24
咸宁	48.87	83.09	436.29	1 372.52	70.02	425.08	214.59
仙桃	26.21	56.14	167.46	445.50	114.19	198.29	166.03
潜江	20.88	40.67	172.92	397.40	94.78	325.18	129.82
天门	24.53	41.15	113.75	392.10	67.75	176.43	244.70
长沙	141.46	871.03	3 192.57	6 363.28	515.74	266.53	99.32
株洲	70.00	153.82	808.48	2 181.36	119.74	425.60	169.81
湘潭	56.00	169.24	636.67	1 805.40	202.21	276.19	183.57
衡阳	84.92	158.71	641.15	2 125.93	86.89	303.98	231.58
岳阳	87.72	193.11	826.92	2 154.71	120.14	328.21	160.57

---

① 　固定资产投资增幅采用 2000～2015 年固定资产投资增长额度与 2000 年投资额度之比计算。

城市	2000～2015 年长江中游城市群 固定资产投资（亿元）				2000～2015 年 固定资产变化率（%）		
	2000 年	2005 年	2010 年	2015 年	2000～ 2005 年	2005～ 2010 年	2010～ 2015 年
常德	84.45	146.51	613.22	1 857.91	73.49	318.55	202.98
益阳	48.71	91.45	460.29	1 223.80	87.74	403.32	165.88
娄底	40.99	117.59	400.30	1 108.39	186.87	240.42	176.89
南昌	116.80	453.26	1 923.35	4 000.07	288.07	324.34	107.97
景德镇	46.13	96.24	439.47	690.88	108.63	356.64	57.21
萍乡	57.59	125.97	663.69	1 026.74	118.74	426.86	54.70
九江	82.73	183.25	877.39	2 119.92	121.50	378.79	141.62
新余	20.50	88.40	658.31	822.60	331.22	644.69	24.96
鹰潭	28.54	70.25	241.97	531.56	146.15	244.44	119.68
吉安	39.93	115.63	764.86	1 486.95	189.58	561.47	94.41
宜春	46.35	166.82	643.61	1 588.14	259.91	285.81	146.76
抚州	50.03	118.27	613.40	1 099.67	136.40	418.64	79.27
上饶	22.54	186.71	805.21	1 560.23	728.35	331.26	93.77
合计	2 424.51	5 884.51	24 650.45	59 632.02	142.71	318.90	141.91

资料来源：根据湖北省、湖南省和江西省统计年鉴相关数据整理。

但同时也应该看到，2000～2015 年长江中游城市群固定资产投资内部差异显著，地区发展不平衡。与地区生产总值相似的是，武汉、长沙、南昌三个城市的固定资产投入额也远高于省域内其他城市，其中武汉 2015 年固定资产投资额达到 7 725.26 亿元，长沙达到 6 363.28 亿元，南昌也有 4 000.07 亿元。其次为宜昌、襄阳超过 3 000 亿元，株洲、衡阳、岳阳、九江等超过 2 000 亿元，而鄂州、仙桃、潜江、天门、景德镇、新余、鹰潭等部分城市固定资产投资不足千亿。在增长幅度上，2000～2015 年，上饶、襄阳等地固定资产投资额增长幅度高达 40 倍①以上，然而黄石、宜昌、仙桃、潜江、天门、景德镇、鹰潭等地区固定资产投资额增长幅度相对较低，不足 20 倍，固定定产投资增长幅度的差异，将导致地区固定资产投资额进一步拉大。可见，城市群各城市单元固定资产投资及其变化存在明显的内部差异，地区经济协调发展难度较大。

二、长江中游城市群建设用地配置现状

建设用地规模是城市经济增长的重要投入要素，已有研究表明我国建设用地投入对经济增长的贡献在 10% ~ 30% 之间，建设用地投入有力地促进了我国社会经济发展。长江中游城市群包括 3 省份中的 31 个市，各单元建设用地配置规模、利用水平必然存在差异。分析长江中游城市群建设用地配置规模、利用水平及其差异，能够更好地反映城市群用地特征及其用地需求状况，为城市群建设用地优化配置提供依据。此处，我们从建设用地配置数量、利用质量两方面对长江中游城市群建设用地配置现状进行分析。

（一）建设用地配置数量

通过查阅各城市的年鉴可以得到长江中游城市群 31 个城市的建设用地面积（见表 6 - 4），以此为依据来分析探讨 2000 ~ 2015 年长江中游城市群建设用地数量分布与时序变化。由表 6 - 4 可知：

表 6 - 4　　　　　　　　2000 ~ 2015 年长江中游城市群建设
用地数量分布与时序变化　　　　　　单位：万公顷

城市	长江中游城市群建设用地面积				建设用地面积数量变化		
	2000 年	2005 年	2010 年	2015 年	2000 ~ 2005 年	2005 ~ 2010 年	2010 ~ 2015 年
武汉	11.04	13.97	16.68	20.33	2.93	2.71	3.65

---

① 固定资产投资增幅采用 2000 ~ 2015 年固定资产投资增长额度与 2000 年投资额度之比计算。

续表

城市	长江中游城市群建设用地面积				建设用地面积数量变化		
	2000 年	2005 年	2010 年	2015 年	2000~2005 年	2005~2010 年	2010~2015 年
黄石	3.63	4.56	5.37	7.10	0.93	0.81	1.72
宜昌	8.84	9.06	11.59	12.95	0.22	2.53	1.35
襄阳	12.37	12.73	16.16	17.89	0.36	3.43	1.73
鄂州	1.65	1.78	2.52	2.94	0.14	0.74	0.41
荆门	8.28	8.44	11.34	11.93	0.15	2.91	0.59
孝感	8.34	9.36	10.68	11.82	1.02	1.32	1.14
荆州	12.18	12.33	16.74	21.66	0.16	4.41	4.92
黄冈	12.73	14.61	15.92	17.11	1.88	1.31	1.19
咸宁	4.40	6.27	5.97	6.83	1.87	-0.30	0.86
仙桃	3.07	2.94	3.50	3.74	-0.13	0.56	0.24
潜江	1.91	2.11	2.49	2.67	0.20	0.38	0.18
天门	3.17	2.96	3.77	3.86	-0.21	0.81	0.09
长沙	10.12	12.49	15.23	16.81	2.37	2.74	1.58
株洲	3.18	5.02	7.86	9.55	1.84	2.85	1.69
湘潭	0.65	0.67	2.06	2.72	0.02	1.39	0.66
衡阳	4.97	6.25	7.89	9.90	1.28	1.64	2.01
岳阳	1.51	2.43	2.68	3.00	0.92	0.25	0.32
常德	2.95	3.65	4.29	5.79	0.70	0.63	1.50
益阳	1.35	1.95	2.78	3.32	0.60	0.83	0.54
娄底	1.06	2.33	3.97	5.81	1.27	1.65	1.84
南昌	8.82	9.61	11.76	13.16	0.80	2.15	1.40
景德镇	6.50	7.00	7.50	11.00	0.50	0.50	3.50
萍乡	0.38	0.40	0.44	7.10	0.02	0.04	6.67
九江	8.60	9.11	9.61	10.51	0.50	0.50	0.90

续表

城市	长江中游城市群建设用地面积				建设用地面积数量变化		
	2000 年	2005 年	2010 年	2015 年	2000 ~ 2005 年	2005 ~ 2010 年	2010 ~ 2015 年
新余	4.60	5.60	6.60	10.60	1.00	1.00	4.00
鹰潭	2.10	2.60	3.00	4.81	0.50	0.40	1.81
吉安	2.01	2.80	4.00	7.60	0.80	1.20	3.60
宜春	3.00	4.50	5.50	6.80	1.50	1.00	1.30
抚州	4.80	5.01	5.40	8.21	0.21	0.39	2.81
上饶	3.70	4.01	4.40	5.13	0.30	0.40	0.73
合计	161.90	186.54	227.70	282.64	24.65	41.16	54.94

资料来源：根据湖北省、湖南省和江西省城市统计年鉴相关数据整理。

第一，2000 ~ 2015 年长江中游城市群建设用地规模不断增加且增长趋势明显。2000 ~ 2015 年长江中游城市群的建设用地规模从 161.90 万公顷增长到 282.64 万公顷，增加了 120.75 万公顷，年均增长 4.05%。城市群内部，2000 ~ 2015 年平均增加了 7.55 万公顷，其中武汉增加了 9.28 万公顷，荆州、长沙、株洲、萍乡、新余等地区增长超过了 6 万公顷。2000 ~ 2015 年城市群建设用地增长速度在加快，对建设用地的需求进一步加大。如 2010 ~ 2015 年城市群总体以及各城市单元建设用地增加量普遍高于 2000 ~ 2005 年。随着长江中游城市群社会经济的快速发展，城市群对建设用地的需求也在不断增加，但在建设用地资源有限的条件下，如何优化建设用地空间配置，调整城市群各地区用地供需结构，是亟须解决的难题。

第二，2000 ~ 2015 年长江中游城市群建设用地规模、增量及增速的内部差异明显。2000 ~ 2015 年长江中游城市群及内部城市单元建设用地规模快速扩张，但是不同城市配置规模及其增长速度表现出明显的差异。在配置规模上，2015 年武汉、长沙、南昌等城市建设用地规模要远大于城市群中的其他城市，尤其是武汉和荆州，达到 20 万公顷，而除了宜昌、襄阳、黄冈、孝感、荆门、长沙、南昌、景德镇、九江、新余之外，城市群其他地区建设用地配置规模不足 10 万公顷。在配置规模增量上，武汉、荆州、长沙、株洲、萍乡、新余等地区建设用地规模增量均在 6 万公顷以上，而鄂州、仙桃、潜江、天门、岳阳、益阳、九江、上饶等城市建设用地规模增长相对较慢，不足 2 万公顷。在规模增长速度方面，2000～2015 年，株洲、湘潭、娄底、萍乡、吉安等地区建设用地规模年均增长速度均超过 10%，而仙桃、天门、九江等地区增长速度缓慢，年均增长速度不足 2%，其他地区建设用地规模增长速度在 2.15%～12.52% 间变动。总体来看，城市群内各地区建设用地面积均随着年份变化而不断增加。

（二）建设用地配置质量

建设用地配置质量主要指地区建设用地利用效率，是建设用地空间配置的重要标准之一。我们利用单位面积建设用地产出来表示建设用地配置质量，结果如表 6－5 所示。由于长江中游城市群的经济发展水平、建设用地配置规模存在一定差异，建设用地质量也表现出一定的地区差异。

表 6－5　　　　　　　2000～2015 年长江中游城市群建设用地
地均产出及时序变化　　　　　　　单位：亿元/万公顷

地区	建设用地地均产出				建设用地地均产出变化		
	2000 年	2005 年	2010 年	2015 年	2000～2005 年	2005～2010 年	2010～2015 年
湖北省	38.14	58.47	116.42	200.82	20.33	57.94	84.41
武汉	109.28	161.86	333.69	536.51	52.58	171.83	202.81
黄石	50.25	71.95	128.48	173.08	21.71	56.53	44.60
宜昌	40.54	67.13	133.49	261.46	26.59	66.36	127.97
襄阳	29.80	46.55	95.21	189.05	16.75	48.67	93.84
鄂州	54.78	87.01	156.72	248.70	32.23	69.72	91.98
荆门	24.82	36.63	64.36	116.34	11.81	27.72	51.99
孝感	23.31	37.76	74.98	123.28	14.45	37.22	48.30
荆州	20.24	31.87	50.00	73.42	11.62	18.13	23.43
黄冈	18.62	23.86	54.16	92.87	5.24	30.30	38.70

续表

地区	建设用地地均产出				建设用地地均产出变化		
	2000 年	2005 年	2010 年	2015 年	2000 ~ 2005 年	2005 ~ 2010 年	2010 ~ 2015 年
咸宁	27.13	32.58	87.17	150.76	5.44	54.59	63.59
仙桃	36.78	48.99	83.11	159.83	12.21	34.11	76.73
潜江	44.03	51.59	116.92	208.98	7.55	65.33	92.06
天门	27.60	36.00	58.20	113.94	8.40	22.20	55.75
湖南省	102.87	137.28	269.84	412.81	34.42	132.56	142.97
长沙	71.22	121.66	301.93	513.40	50.45	180.27	211.47
株洲	91.64	104.47	162.19	244.52	12.82	57.72	82.33
湘潭	327.76	545.89	433.73	625.27	218.13	- 112.16	191.53
衡阳	71.02	94.56	180.09	262.79	23.54	85.53	82.70
岳阳	240.72	261.16	574.05	955.36	20.44	312.89	381.32
常德	118.00	173.54	347.86	467.85	55.54	174.31	120.00
益阳	143.69	99.81	256.39	407.72	- 43.88	156.58	151.33
娄底	159.15	133.73	173.01	222.30	- 25.42	39.28	49.28
江西省	36.31	70.96	147.08	175.23	34.66	76.12	28.14
南昌	52.76	104.85	192.51	304.04	52.08	87.66	111.52
景德镇	12.47	27.59	61.88	70.19	15.12	34.30	8.30
萍乡	218.92	570.23	1 240.97	128.47	351.31	670.74	- 1 112.50
九江	24.77	47.11	108.65	181.10	22.34	61.55	72.45
新余	14.12	31.66	95.71	89.32	17.55	64.05	- 6.39
鹰潭	24.30	40.97	114.07	133.04	16.67	73.10	18.97
吉安	82.16	108.13	182.88	174.81	25.97	74.75	- 8.08
宜春	66.66	82.71	161.66	238.39	16.05	78.95	76.73
抚州	24.83	77.49	136.20	134.63	52.65	58.72	- 1.58
上饶	46.84	96.86	208.88	321.61	50.02	112.02	112.73
合计	47.95	76.56	155.77	235.81	28.61	79.20	80.05

资料来源：根据湖北省、湖南省和江西省城市统计年鉴相关数据整理。

　　首先是建设用地质量的省际差异。以 2015 年建设用地地均产出为例，湖北、湖南、江西三省份的平均产出为 200.82 亿元/万公顷、412.81 亿元/万公顷、175.23 亿元/万公顷，湖南省地均产出强度显著高于湖北与江西，地均产出省际差异显著。但在建设用地产出增长幅度上，湖北、湖南、江西 2000~2015 年建设用地地均产出增长倍数分别为 5.27、4.01、4.83[①]，湖北、江西地均产出增速明显快于湖南，表明三省之间的建设用地质量差异将不断缩小。

　　其次是建设用地质量的市际差异。以 2015 年建设用地地均产出为例，武汉、长沙、湘潭、岳阳等地区 2015 年建设用地产出均超过 500 亿元/万公顷，建设用地利用水平较高。常德、益阳、南昌等城市建设用地产出水平也达到 300 亿元/万公顷。但是，荆州、黄冈、景德镇、新余等地区建设用地产出较低，地均产出不足 100 亿元/万公顷，建设用地利用水平亟待提升。建设用地产出增速方面，社会经济发展比较落后的地区建设用地地均产出增长速度普遍快于社会经济发展水平较高的，市际差异也非常明显。

　　最后是建设用地质量的变化特征差异。总体来看，城市群建设用地总体地均产出随时间变化而不断增长，但是部分城市建设用地利用水平呈现阶段性下降的特征。如益阳、娄底在 2000~2005 年间地均产出减少，湘潭地均产出在 2005~2010 年减少，萍乡和抚州在 2010~2015 年间建设用地产出水平下降。其他城市的地均产出在 2000~2015 年都是随着时间的增长而增加的。在增长幅度上，2000~2015 年，宜昌、襄阳、九江、新余、上饶等城市建设用地地均产出年均增长速度达到 30% 以上，建设用地质量提升明显。长江中游城市群整体上建设用地地均产出年均增长速度为 24.49%，建设用地质量得到了有力改善。但是部分地区如湘潭、娄底、萍乡、吉安等城市建设用地地均产出增长不足 10%，建设用地质量亟须改进。可见，城市群内部城市建设用地质量差异显著，建设用地空间配置时应充分考虑用地效率差异，避免用地低效、闲置。

---

① 建设用地地均产出增长倍数为期末地均产出与期初地均产出之比。

第三节　长江中游城市群建设用地空间错配程度

一、模型设置与数据来源

建设用地省际错配是土地资源空间错配的一种类型，错配判别标准、错配程度衡量方法、错配效益损失测度方法等与土地资源空间错配一样。因此，采用土地资源空间错配测度模型来测度建设用地省际错配，生产函数形式仍选 C－D 生产函数。

本部分涉及的资本、劳动、土地等要素分别采用资本存量、从业人员、建设用地面积来表示。资本存量采用永续盘存法计算，折旧率取 10%，具体参见单豪杰计算方法（单豪杰，2008），当年投资额采用固定资产投资额表示。劳动要素投入用第二、第三产业从业人数表示，地区产出采用第二、第三产业产值表示，土地要素采用建设用地面积表示。上述基础数据主要来源于《湖北省统计年鉴》（2000~2016 年）、《湖南省统计年鉴》（2000~2016 年）、《江西省统计年鉴》（2000~2016 年）以及各地级市的统计年鉴和统计公报。产值数据利用价格指数进行修正，消除价格因素，换算成以 2000 年为基期的可比价。

二、生产函数估计结果与分析

以 2000~2016 年长江中游城市群 31 个城市的资本、劳动、土地、产出为样本，运用 STATA 软件对湖北、湖南、江西三省份的土地产出函数进行估计。对模型影响形式进行似然比检验，结果显示在 1% 的置信水平下均接受原假设，因此采用固定效应模型。为减少异方差和相关性的影响，采用 GLS 方法进行估计。

表 6-6 分别是长江中游城市群整体和湖北、湖南、江西三省份的生产函数估计结果。

表 6-6 生产函数估计结果

估算系数	长江中游城市群	湖北省	湖南省	江西省
资本 α	0.244 *** (10.64)	0.116 *** (3.07)	0.372 *** (8.39)	0.292 *** (10.16)
劳动 β	0.593 *** (50.93)	0.645 *** (37.38)	0.527 *** (33.38)	0.616 *** (32.59)
土地 γ	0.243 *** (12.24)	0.217 *** (8.57)	0.201 *** (5.82)	0.134 *** (3.97)
常数项 A	0.804 *** (10.20)	1.181 *** (10.60)	0.906 *** (6.81)	0.753 *** (6.51)

注：*** 分别表示在 1% 的水平下显著，括号内为 T 统计量。

资料来源：根据湖北、湖南、江西省统计年鉴相关数据计算。

从估计结果来看，资本、劳动、土地三要素均对地区产出有正向的促进作用。其中，劳动要素的产出弹性最大，土地的产出弹性最小，说明在地区经济增长中劳动发挥着更加重要的作用，吸引人才、集聚人口是长江中游城市群促进经济增长的重要途径。湖北省土地要素的估算系数在三个省份中最大，表明湖北省经济发展对建设用地的依赖程度更大。

三、建设用地最优规模估计

（一）建设用地边际产出效益

根据上述生产函数估计结果，运用式（3-2）可以计算出 2000～2016 年长江中游城市群以及湖北、湖南、江西建设用地现状边际产出效益（见表 6-7）。需要指出，表 6-7 中建设用地边际产出效益是在建设用地实际配置状态下的各地区土地产出效益。正是由于各截面单元建设用地边际产出效益不相等，造成了建设用地空间错配。

表 6 – 7　　　　2000 ~ 2016 年长江中游城市群各区域土地边际收益

单位：万元/公顷

年份	长江中游城市群	湖北省	湖南省	江西省
2000	997. 53	1 135. 61	990. 70	698. 44
2001	1 069. 08	1 244. 01	1 032. 15	779. 36
2002	1 145. 98	1 396. 51	1 074. 23	868. 91
2003	1 241. 38	1 575. 68	1 118. 67	962. 67
2004	1 355. 11	1 772. 70	1 290. 77	1 068. 60
2005	1 468. 09	2 186. 38	1 345. 78	1 197. 46
2006	1 574. 58	2 290. 81	1 402. 11	1 514. 07
2007	1 627. 80	2 332. 52	1 578. 14	1 747. 38
2008	1 866. 56	2 466. 57	1 794. 63	1 832. 19
2009	2 081. 25	2 601. 50	1 842. 62	1 966. 00
2010	2 333. 58	2 708. 94	1 970. 24	2 217. 83
2011	2 496. 72	2 709. 14	2 183. 26	2 316. 51
2012	2 703. 51	2 839. 30	2 295. 52	2 428. 49
2013	2 924. 58	2 859. 98	2 443. 60	2 498. 16
2014	3 188. 80	2 963. 53	2 680. 33	2 564. 04
2015	3 284. 06	3 599. 47	2 875. 95	2 738. 13

资料来源：根据湖北、湖南、江西省统计年鉴相关数据计算。

　　由表 6 – 7 可以看出，长江中游城市群建设用地边际产出效益存在省际差异。整体上，2000 ~ 2015 年长江中游城市群建设用地年均边际产出效益为 1 959. 91 万元/公顷。而在省级层面，湖北省、湖南省、江西省建设用地年均边际产出效益分别为 2 292. 67 万元/公顷、1 744. 92 万元/公顷、1 712. 39 万元/公顷，湖北省建设用地边际产出效益明显高于湖南省和江西省。市场机制下，由于比较优势的存在，湖北省将成为建设用地集聚配置区。

　　2000 ~ 2015 年长江中游城市群建设用地边际收益呈现出逐年上升的趋势。

整体来说，2000～2015 年长江中游城市群建设用地实际边际产出效益由 997.53 万元/公顷上升到 3 284.06 万元/公顷，年均增加 14.33%，上升趋势明显。在省际层面，建设用地边际产出效益增加趋势同样明显。湖北省 2000～2015 年建设用地实际边际产出效益由 1 135.61 万元/公顷上升到 3 599.47 万元/公顷，年均增加 13.56%，增速相对较快。江西省建设用地实际边际产出效益年均增速最快，达到了 18.25%，由 698.44 万元/公顷上升到 2 738.13 万元/公顷。说明江西省近年来建设用地产出水平得到了迅速提升，逐步缩小了与湖北、湖南的差距。湖南省建设用地实际边际产出效益年均增速最低，但也达到了 11.89%，由 990.70 万元/公顷上升到 2 875.95 万元/公顷。可见，长江中游城市群无论从整体上看，还是城市群内部各省市区，建设用地边际产出效益均呈上升趋势，建设用地利用水平提升明显。

（二）建设用地最优配置规模

由资源错配理论可知，判断建设用地空间错配达到有效配置的标准是：当建设用地在不同区域之间的边际收益达到相等的配置状态。基于这一理论基础，对生产函数进行求导，按照建设用地边际收益相等的原则建立等式，运用式（3-3）计算得出 2000～2015 年长江中游城市群及其内部单元建设用地空间最优配置规模（见表 6-8）。

建设用地空间配置规模估算有两种情况。第一种情况是建设用地资源总量不受约束，估算资本、劳动、土地等要素的产出关系与要素投入量。第二种情况是建设用地资源总量一定，估算现有资源总量约束下，各地区建设用地配置规模。根据实际情况，我们将长江中游城市群作为一个整体，按照第一种情况进行估算。估算资本、劳动、土地等要素合理配置的情形下，长江中游城市群建设用地的配置规模。目的是了解现有资本、劳动等要素投入和地区产出情况下，长江中游城市群到底需要配置多少建设用地资源。在现状配置规模下，我们利用第二种情况估算湖北、湖南、江西三省份建设用地空间配置规模。估算结果显示，湖北省配置规模最大，江西次之，湖南最小。这里的建设用地最优配置规模是建立在完全竞争市场的条件下估算的最优配置量，实际上由于土地要素自身的特殊性，无法像传统的资本和劳动力要素那样在市场上正常流动，这也会造成最优配置规模与实际配置规模之间的差异。

表6-8　　　　　　长江中游城市群建设用地空间错配程度

年份	建设用地最优配置规模（万公顷）			建设用地空间错配率（%）		
	湖北省	湖南省	江西省	湖北省	湖南省	江西省
2000	849.98	339.82	805.92	-30.87	40.66	-49.37
2001	914.37	367.65	862.01	-30.79	40.62	-49.88
2002	977.37	389.74	917.47	-29.51	40.68	-51.17
2003	1 034.62	423.14	969.51	-29.46	39.43	-52.04
2004	1 088.23	450.09	1 020.16	-29.41	38.64	-52.36
2005	1 157.06	481.35	1 083.22	-28.75	38.15	-53.29
2006	1 313.22	502.51	1 220.71	-24.14	41.49	-56.26
2007	1 491.64	513.64	1 381.52	-19.26	45.82	-58.96
2008	1 692.74	534.57	1 563.00	-14.47	49.47	-62.32
2009	1 735.78	553.44	1 607.27	-14.57	48.71	-62.23
2010	1 795.33	580.12	1 664.18	-15.14	47.90	-61.84
2011	1 877.41	623.70	1 750.27	-15.48	46.22	-61.78
2012	1 960.42	643.41	1 827.03	-16.46	46.56	-60.32
2013	2 014.52	690.09	1 885.51	-17.15	44.62	-60.44
2014	2 090.90	706.58	1 959.67	-16.56	44.92	-60.61
2015	2 178.69	711.96	2 039.36	-15.73	45.93	-60.67

注：表中"-"号表明建设用地错配类型为短缺错配，反之为过度错配。
资料来源：根据湖北、湖南、江西省统计年鉴相关数据计算。

四、建设用地错配程度测算

运用式（4-4）和式（4-5），可以计算2000～2015年长江中游城市群各区域建设用地空间错配率（见表6-8）。由表6-8可知：

第一，长江中游城市群确实存在建设用地空间错配问题，并且不同区域存在不同的错配类型。2000～2015年，总体来看，长江中游城市群在2000～2015年属于过度错配。湖南省建设用地空间错配类型为过度错配，湖北省和江西省建设用地空间错配类型为短缺错配。建设用地空间最优配置规模表明，湖南省建设用地实际配置过多造成建设用地配置过度的问题，而湖北省和江西省建设用地最优规模远远大于湖北省和江西省实际的建设用地规模，说明湖北省和江西省建设用地资源没有得到有效的供给，存在严重的短缺问题，将会制约湖北省和江西省的经济发展。

第二，长江中游城市群区域之间建设用地空间错配程度差异显著。从错配率的角度观察，2000～2015年湖北省、湖南省和江西省的平均错配率分别为21.47%、43.82%、57.26%。虽然，平均错配率差异较大，并且不同年份和阶段，各省份建设用地错配程度差异显著。比如湖北省2000年建设用地错配程度高达49.37%，而同时期的湖北省和湖南省为30.87%、40.66%，差距悬殊。在2015年，江西省建设用地错配程度高达60.67%，而同时期的湖北省和湖南省为15.73%、45.93%，差距仍然存在，且差距变大。

第三，长江中游城市群建设用地空间错配效益损失在不断下降，建设用地空间配置效率不断改进。湖北省建设用地空间错配率在不断减少，由2000年的30.87%下降到2015年的15.73%，说明湖北省建设用地配置规模在不断优化，最优配置规模和实际配置规模的差距在不断减少。湖南省建设用地空间错配率不断的波动变化，从40.66%到45.93%，总体呈上升趋势。江西省建设用地空间错配率在不断增大，从49.37%到60.67%，说明实际配置规模与最优配置规模之间存在显著差异，需要优化建设用地的空间配置。

第四节　长江中游城市群建设用地空间错配效率损失

一、错配效率损失测度

建设用地空间错配必然导致建设用地配置效率损失，需要进一步探讨建设用地空间错配对地区产出造成的影响和损失。根据建设用地空间错配程度测度结果，运用式（5-3），可以测算出 2000~2015 年土地资源空间错配效率损失率（见表 6-9）。

表 6-9	长江中游城市群建设用地空间错配效益损失率			单位：%
年份	城市群	湖北省	湖南省	江西省
2000	38.66	39.81	-18.40	40.63
2001	38.76	40.04	-18.38	41.09
2002	38.94	40.31	-18.41	42.25
2003	39.17	40.61	-17.89	43.04
2004	39.34	40.79	-17.55	43.33
2005	39.52	41.02	-17.35	44.18
2006	39.59	41.15	-18.74	46.92
2007	39.61	41.16	-20.53	49.45
2008	39.78	41.32	-22.01	52.65
2009	39.87	41.37	-21.70	52.57
2010	39.95	41.44	-21.38	52.19
2011	40.01	41.41	-20.69	52.13
2012	40.00	41.40	-20.83	50.74
2013	40.08	41.43	-20.04	50.85
2014	40.12	41.43	-20.16	51.01
2015	40.18	41.50	-20.58	51.08

注：表中损失率为"-"表示建设用地过度错配。

资料来源：根据湖北、湖南、江西 3 个省份统计年鉴相关数据计算。

由表 6-9 可知，2000~2015 年湖南省主要表现为建设用地过度错配效率损失，湖北省和江西省则为建设用地短缺配置造成配置效率损失。表明在长江中游城市群建设用地空间配置中，湖南省建设用地存在过度配置，而湖北省和江西省建设用地需求未得到有效满足，造成长江中游城市群建设用地空间错配效率损失，且总体上表现为短缺错配。

二、错配效率损失特征

由表6-9可知，长江中游城市群建设用地空间错配效益损失具有以下特征：

第一，长江中游城市群建设用地空间错配效率损失较大。2000~2015年，长江中游城市群的建设用地空间错配效益损失率从2000~2015年间为正，湖南省建设用地空间错配效益损失率为负，湖北省和江西省建设用地空间错配效益损失率为正。空间错配效益损失率为正说明该地区建设用地实际配置规模效益小于最优配置规模效益，空间错配损失了一定效率。而空间错配效益损失率为负则说明该地区建设用地实际配置规模效益大于最优配置规模效益，空间错配给该地区带来了一定效益。建设用地空间错配一方面减少了湖北省和江西省的配置效益，另一方面增加了湖南省的配置效益，但从总体来看，长期的建设用地空间错配问题依然存在，并不断减少长江中游城市群的总体配置效益。说明增加建设用地配置不是增加经济效益的科学方法，解决效益损失的根本途径是改善土地资源空间错配问题。

第二，长江中游城市群建设用地空间错配效率损失不断上升。2000~2016年，湖北省、湖南省和江西省的建设用地空间错配损失率不断增大，说明长期存在建设用地错配的问题严重阻碍了各地区的发展，合理的配置建设用地，科学控制建设用地规模，提高建设用地土地利用效率对经济可持续发展有很重要的现实意义。

三、建设用地错配纠正措施

基于对长江中游城市群建设用地空间错配问题的研究，我们从错配视角对长江中游城市群建设用地的空间错配问题提出以下建议：

第一，配置战略方向进行调整。虽然建设用地过度错配给湖南带来了一定的效益，但是建设用地短缺错配给湖北省和江西省带来了较大的效率损失。我们应该因地制宜地利用建设用地资源，合理控制湖南省建设用地规模，适当地扩大湖北省和江西省建设用地规模，不断缩小土地资源空间错配程度，促进区域内建设用地的合理有效配置。

第二，实施差别化管控策略。对长江中游城市群的区域内建设用地实施差别化管控的政策，湖南省所增加的建设用地效益产出并不足以弥补湖北省和江西省由于建设用地短缺错配所带来的效益损失，由于不同地区土地资源禀赋和用地需求不同，应根据不同地区的需求合理配置建设用地，对于效益损失较大的江西省，可以适当考虑建设用地增量对湖北省和江西省进行优先分配。

第三，提高区域建设用地边际产出。合理提高长江中游城市群区域内建设用地的边际收益，对于已开发的建设用地，提高土地利用效率，促进集约节约利用土地，加速推动产业结构优化升级，对于低效或闲置的土地资源进行改造和利用，有利于提高建设用地的边际收益，改善区域内建设用地空间错配现状。

第七章
土地资源市际错配与实证

第一节　土地资源市际错配界定

一、土地资源市际错配

土地资源空间错配包括了土地资源在省际间、市际间、县区间等不同地区间的错配，而建设用地在城市间的配置数量、配置结构直接关系到城市产业结构调整与布局，影响城市社会经济发展及城镇化进程，是土地利用总体规划编制、建设用地总量控制实施、土地利用计划编制的重要内容。前文我们探讨了土地资源在中国及三大区域、省际范围内的错配，本章将重点关注土地资源在市际空间的错配。

所谓土地资源市际错配是指土地资源在市际间的配置偏离土地资源有效配置的状态。当各城市土地资源边际产出在截面上不相等时，便出现了市际错配。土地资源市际错配是空间错配的一种，按照用地类型的不同，土地资源市际错配又可以分为农用地市际错配和建设用地市际错配等。考虑到我国的土地利用规划、土地利用年度计划等管控手段及其在国家宏观调控的重要作用，本章主要探究建设用地在各城市之间的错配，土地资源市际错配则主要指建设用地市际间的错配。

二、建设用地市际错配

建设用地市际错配是指建设用地资源在市际间（城市间）的配置偏离建设用地有效配置的状态。当各城市建设用地边际产出在截面上不相等时，便发生了建设用地市际错配。在市际层面，各城市社会经济发展水平、发展速度、发展方式存在差异，所面临的资源环境约束亦不相同，建设用地需求与利用效率迴异。建设用地配置中，不仅需要关注用地需求，同样还要考虑到用地效率与区域公平等。尤其是当前城市间建设用地错配现象突出，建设用地低效闲置与过度开发并存，用地需求与供给不匹配，造成建设用地负外部性频发、总体利用水平不高、区域土地非均衡发展。因此，探讨建设用地在城市间的错配问题，对建设用地优化配置及集约利用具有重要现实意义。

三、研究区域选择

湖北省地处我国中部腹地，长江横贯东西，省域地势呈三面高、中间低、向南敞开的态势。西、北、东三面被武陵山、巫山、大巴山、桐柏山、大别山、幕阜山诸山环绕；中南部为江汉平原，地势平坦开阔，与洞庭湖相连。东西长约 740 千米，南北宽约 470 千米，土地总面积 1.86×10^7 公顷。湖北省土地利用呈"七山一水两分田"的格局。根据湖北省统计年鉴数据，2015 年湖北省常住人口规模 5 851.50 万人，其中从业人员 3 658.00 万人，城镇人口 3 326.58 万人，城镇化率 56.85%，人口密度 3.15 人/公顷。2015 年，湖北省地区生产总值 29 550.19 亿元，占全国生产总值的 4.37%，全社会固定资产投资总额 29 191.06 亿元，占全国固定资产投资总额的 5.19%。湖北省人均地区生产总值达到 50 654 元，高于全国平均水平。

近年来，湖北省社会经济发展迅速，城镇化进程不断加快，取得了辉煌的成就。但亮眼的经济成绩单背后，区域社会经济发展不均衡、不充分的问题凸显，各城市发展水平和速度存在明显差异。尤其是在"一主两副多极"的国土空间开发格局下，人口、产业集聚，武汉一家独大，襄阳、宜昌奋力追赶，"一主两副"辐射功能不足，"多极"发展尚未充分显现，区域发展不平衡不充分的问题亟待解决。优化配置资源、推进要素供给侧改革成为湖北省协调区域发展和经济转型升级的重要着力点。土地资源作为供给侧四大要素之一，为城镇化建设和社会经济发展提供了重要的空间载体，在区域协调发展、经济效率提升中，土地资源优化配置与有效的土地政策尤为重要。因此，准确分析湖北省各城市社会经济发展差异，对湖北省土地资源优化配置及社会经济持续健康发展具有现实指导意义。

第二节 湖北省建设用地现状分析

一、湖北省社会经济概况

（一）人口规模及变化

由表7-1和表7-2看出，湖北省2015年常住人口5 851.50万人，同2010年第六次人口普查的5 723.77万人相比，共增加127.73万人，增长了2.23%，年均增长率为0.45%。全省常住人口中，居住在城镇的人口为3 326.58万人，占56.85%，居住在乡村的人口为2 524.92万人，占43.15%。同2010年第六次全国人口普查相比，湖北省城镇人口规模增加467.14万人，乡村人口规模减少348.41万人，城镇化比例上升了7.05%。

湖北省人口规模分布不均衡，各城市人口规模差异大。湖北省各城市单元中，武汉市人口规模最大，2015年达到1 060.77万人，占湖北省总人口的18.13%，是湖北省唯一一个人口过千万的城市。其次是黄冈市，人口规模为629.10万人，占总人口的10.75%，襄阳、荆州人口规模也超过500万人，分别占湖北省总人口的9.59%、9.75%。武汉、黄冈、襄阳、荆州四城市人口规模占了湖北省近一半人口。而鄂州、仙桃、潜江、神农架人口规模较小，占湖北省总人口比重不足2%。

表7-1 湖北省人口规模及变化 单位：万人

地区	人口规模				人口增减量		
	2000年	2005年	2010年	2015年	2000~2005年	2005~2010年	2010~2015年
武汉	802.4	864.10	978.54	1 060.77	61.70	114.44	82.23

续表

地区	人口规模				人口增减量		
	2000 年	2005 年	2010 年	2015 年	2000 ~ 2005 年	2005 ~ 2010 年	2010 ~ 2015 年
黄石	234.87	238.45	242.93	245.80	3.58	4.48	2.87
鄂州	98.78	102.45	104.87	105.95	3.67	2.42	1.08
孝感	464.12	465.97	481.45	487.80	1.85	15.48	6.35
黄冈	663.15	673.40	616.21	629.10	10.25	− 57.19	12.89
咸宁	249.1	250.46	246.26	250.70	1.36	− 4.20	4.44
仙桃	138.97	137.30	117.51	115.50	− 1.67	− 19.79	− 2.01
潜江	91.05	93.40	94.63	95.80	2.35	1.23	1.17
天门	134.7	135.87	141.89	129.20	1.17	6.02	− 12.69
十堰	321.5	325.70	334.08	338.30	4.20	8.38	4.22
宜昌	401.4	403.10	405.97	411.50	1.70	2.87	5.53
襄阳	537.64	546.21	550.03	561.40	8.57	3.82	11.37
荆门	281.08	285.30	287.37	289.63	4.22	2.07	2.26
荆州	588.67	587.30	569.17	570.59	− 1.37	− 18.13	1.42
随州	220.01	220.90	216.22	219.08	0.89	− 4.68	2.86
恩施	348.97	349.87	329.03	332.70	0.90	− 20.84	3.67
神农架	7.3	7.60	7.61	7.68	0.30	0.01	0.07
湖北省	5 583.71	5 687.38	5 723.77	5 851.50	103.67	36.39	127.73

资料来源：根据湖北省统计年鉴数据整理。

表 7 − 2　　　　　　　　湖北省人口规模地区分布　　　　　　　单位：%

地区	人口比重			
	2000 年	2005 年	2010 年	2015 年
武汉	14.37	15.19	17.10	18.13
黄石	4.21	4.19	4.24	4.20
鄂州	1.77	1.80	1.83	1.81

地区	人口比重			
	2000 年	2005 年	2010 年	2015 年
孝感	8.31	8.19	8.41	8.34
黄冈	11.88	11.84	10.77	10.75
咸宁	4.46	4.40	4.30	4.28
仙桃	2.49	2.41	2.05	1.97
潜江	1.63	1.64	1.65	1.64
天门	2.41	2.39	2.48	2.21
十堰	5.76	5.73	5.84	5.78
宜昌	7.19	7.09	7.09	7.03
襄阳	9.63	9.60	9.61	9.59
荆门	5.03	5.02	5.02	4.95
荆州	10.54	10.33	9.94	9.75
随州	3.94	3.88	3.78	3.74
恩施	6.25	6.15	5.75	5.69
神农架	0.13	0.13	0.13	0.13
湖北省	100.00	100.00	100.00	100.00

资料来源：根据湖北省统计年鉴数据整理。

另外，从人口规模变化情况来看，湖北省人口规模变化更加极化。2000～2015 年，武汉市人口规模增加了 258.37 万人，增量最大，占湖北省人口增量的 96.48%。也就是说，湖北省 2000～2015 年增加的人口，主要集中在武汉市，其他城市人口增量较少，部分地区人口规模持续减少。人口规模增量的变化充分说明了湖北省地区之间发展的不平衡，武汉市在社会、经济、产业等方面具有绝对优势，吸引了大量人口集聚。而黄冈、仙桃、天门、荆门、随州、恩施等地区综合竞争力较弱，人口处于净流出状态。

（二）经济规模及变化

近年来湖北省社会经济发展迅速，形成了"总量跨越、质效提升、位次前移"的发展态势。从表 7 - 3 可见，2000 年湖北省全年地区生产总值为 4 267.61 万元，2005 年、2010 年、2015 年分别达到 6 563.29 万元、15 790.42 万元、31 058.53 万元，相比 2000 年，该地区生产总值增加 26 790.92 万元，增长了 6.28 倍。从各城市单元来看，武汉市地区生产总值最高，2015 年达到了 10 905.6 亿元，也是湖北省唯一一个 GDP 破万的城市。其次，是宜昌和襄阳，2015 年地区生产总值超过 3 000 亿元。鄂州、仙桃、潜江、天门、随州、恩施、神农架等地区生产总值不足千亿，发展空间较大。从地区生产总值增量变化来看，2000 ~ 2015 年地区生产总值增量最大的为武汉市，年均增幅超过 50%。宜昌、襄阳、鄂州、咸宁等城市地区生产总值增长较快，年均增幅超过 40%。孝感、黄冈、荆州、荆门等经济体量基础较好的城市，近年来地区生产总值增长缓慢，与 2000 年相比，年均增幅不足 30%。

表 7 - 3　　　　　　　　　　**湖北省地区生产总值及变化**

地区	地区生产总值（亿元）				地区生产总值增量（%）		
	2000 年	2005 年	2010 年	2015 年	2000 ~ 2005 年	2005 ~ 2010 年	2010 ~ 2015 年
武汉	1 206.84	2 238.00	5 565.93	10 905.60	85.44	148.70	95.93
黄石	200.75	343.21	690.12	1 228.11	70.96	101.08	77.96
鄂州	90.47	146.97	395.29	730.01	62.45	168.96	84.68
孝感	262.51	359.73	800.67	1 457.20	37.03	122.58	82.00
黄冈	320.97	348.56	862.30	1 589.24	8.60	147.39	84.30
咸宁	133.07	203.83	520.33	1 030.07	53.18	155.28	97.96
仙桃	113.08	144.07	290.97	597.61	27.41	101.96	105.39
潜江	83.95	108.82	290.67	557.57	29.62	167.11	91.82
天门	87.4865	108.82	219.48	440.098	24.38	101.69	100.52
十堰	180.12	306.63	736.78	1 300.12	70.24	140.28	76.46
宜昌	379.39	608.06	1 547.32	3 384.80	60.27	154.47	118.75
襄阳	415.29	571.47	1 538.30	3 382.12	37.61	169.18	119.86
荆门	248.22	310.29	730.07	1 388.46	25.01	135.29	90.18

续表

地区	地区生产总值（亿元）				地区生产总值增量（%）		
	2000 年	2005 年	2010 年	2015 年	2000 ~ 2005 年	2005 ~ 2010 年	2010 ~ 2015 年
荆州	301. 54	393. 04	837. 10	1 590. 50	30. 34	112. 98	90. 00
随州	120. 11	193. 07	401. 66	785. 26	60. 74	108. 04	95. 50
恩施	120. 96	173. 56	351. 13	670. 81	43. 49	102. 31	91. 04
神农架	2. 85	5. 16	12. 30	20. 95	81. 05	138. 37	70. 33
湖北省	4 267. 61	6 563. 29	15 790. 42	31 058. 53	53. 79	140. 59	96. 69

资料来源：数据来自各城市统计年鉴，湖北省数据为各城市的加总。

湖北省区域经济发展差异显著，区域经济协调发展压力持续增加。由表 7 - 4 可见，2000 年湖北省各城市中，武汉地区生产总值占全省的 28.28%，远高于其他城市。其次是襄阳，地区生产总值占全省的 9.73%，宜昌、黄冈、荆州、孝感、荆门等城市地区生产总值占全省的比重均在 5% 以上。鄂州、仙桃、潜江、天门、随州、恩施、神农架等地区的地区生产总值比重较低，不足 3%，远远低于武汉，甚至是襄阳、宜昌等城市，区域经济差异十分明显。2015 年，湖北省地区生产总值分布中，武汉市占比依然最高，达到 35.11%，相比 2000 年，比重增加了 6.83%。宜昌地区生产总值比重达到 10.90%，相比 2000 年，增加了 2.01%，襄阳地区生产总值比重达到 10.89%，相比 2000 年，增加了 1.16%。武汉、宜昌、襄阳三地地区生产总值占了全省近六成，黄石、鄂州、咸宁、仙桃、潜江、咸宁、随州、恩施、神农架等 10 个城市地区生产总值不足两成，湖北省地区发展不平衡现象极为突出。从城市地区生产总值占比变化来看，2000 ~ 2015 年湖北省内部城市经济规模占比仍有不断拉大的趋势。如宜昌、襄阳等城市地区生产总值占比仍在增加，而黄石、鄂州、黄冈、潜江、天门、荆门、荆州等地区占比同期不断下降。由此可见，湖北省区域经济发展不平衡、地区经济差异明显，如何发挥"一主两副"城市辐射带动作用，促进区域协调发展，是湖北省亟须解决的关键问题。

表 7 - 4　　　　　湖北省各市级单元地区生产总值占比及变化　　　单位：%

地区	地区生产总值占比				地区生产总值占比变化			
	2000 年	2005 年	2010 年	2015 年	2000 ~ 2005 年	2005 ~ 2010 年	2010 ~ 2015 年	2000 ~ 2015 年
武汉	28.28	34.10	35.25	35.11	5.82	1.15	- 0.14	6.83
黄石	4.70	5.23	4.37	3.95	0.53	- 0.86	- 0.42	- 0.75
鄂州	2.12	2.24	2.50	2.35	0.12	0.26	- 0.15	0.23
孝感	6.15	5.48	5.07	4.69	- 0.67	- 0.41	- 0.38	- 1.46
黄冈	7.52	5.31	5.46	5.12	- 2.21	0.15	- 0.34	- 2.40
咸宁	3.12	3.11	3.30	3.32	- 0.01	0.19	0.02	0.20
仙桃	2.65	2.20	1.84	1.92	- 0.45	- 0.35	0.08	- 0.73
潜江	1.97	1.66	1.84	1.80	- 0.31	0.18	- 0.05	- 0.17
天门	2.05	1.66	1.39	1.42	- 0.39	- 0.27	0.03	- 0.63
十堰	4.22	4.67	4.67	4.19	0.45	- 0.01	- 0.48	- 0.03
宜昌	8.89	9.26	9.80	10.90	0.37	0.53	1.10	2.01
襄阳	9.73	8.71	9.74	10.89	- 1.02	1.03	1.15	1.16
荆门	5.82	4.73	4.62	4.47	- 1.09	- 0.10	- 0.15	- 1.35
荆州	7.07	5.99	5.30	5.12	- 1.08	- 0.69	- 0.18	- 1.94
随州	2.81	2.94	2.54	2.53	0.13	- 0.40	- 0.02	- 0.29
恩施	2.83	2.64	2.22	2.16	- 0.19	- 0.42	- 0.06	- 0.67
神农架	0.07	0.08	0.08	0.07	0.01	0	- 0.01	0
湖北省	100.00	100.00	100.00	100.00	0	0	0	0

资料来源：根据湖北省统计年鉴数据整理。

二、湖北省建设用地配置现状

（一）建设用地配置数量

建设用地的投入对区域经济社会发展具有重要贡献。我们从建设用地配置包括总量配置和增量配置两方面对湖北省建设用地配置数量情况进行分析（见图7－1和表7－5）。其中，建设用地主要包括城镇村及工矿用地、交通运输用地，建设用地数据主要来自湖北省土地利用现状调查及变更数据。根据土地利用现状调查及变更数据，我们可以得到湖北省主要年份建设用地规模。

从图7－1可知，湖北省建设用地规模配置具有梯度性差异。以2015年为例，湖北省建设用地数量最大的城市是武汉市，占湖北省建设用地总量的11.58%，其次依次是荆州、襄阳、黄冈，分别为11.36%、11.10%、10.82%，四城市建设用地规模比重超过全省的四成，处于第一梯队。第二梯队是荆门、孝感、宜昌四个城市，建设用地比重相对较高，在6%～9%之间；第三梯队是黄石、咸宁、十堰、随州四个城市，建设用地比重在3%～5%之间，最后是鄂州、仙桃、潜江、天门、神农架，建设用地比重较低。可见，湖北省建设用地规模梯度性差异明显。

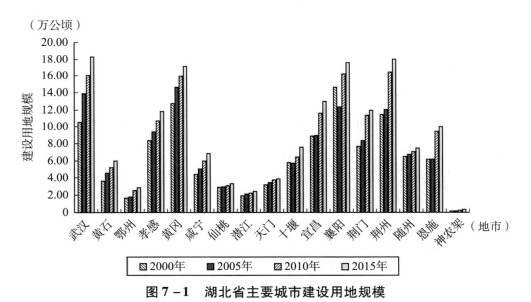

图7－1　湖北省主要城市建设用地规模

资料来源：根据湖北省土地利用现状调查与变更数据整理。

从湖北省主要年份建设用地规模变化可以看出，湖北省建设用地规模不断增加，且增加速度较快（见表7－5）。2000～2005年，湖北省建设用地增幅达到7.05%，2005～2010年增幅最大，达到21.91%，2010～2015年增幅回落，但也有9.93%。各城市建设用地规模增长速度普遍较快，且不同阶段政府不同。

2000～2005 年，武汉、黄石增幅较快，建设用地规模迅速增加，十堰、襄阳等则不断减少的态势。2005～2010 年，鄂州、宜昌、襄阳、荆门、荆州、恩施、神农架等地增长迅速，仙桃、潜江、天门、随州则较慢。2010～2015 年，武汉、黄石、鄂州、咸宁、十堰、宜昌、神农架等地区增幅明显，黄冈、天门、随州、恩施增幅下降。

表 7－5　　　　　　　　　湖北省建设用地规模变化率　　　　　单位：%

地区	建设用地规模变化率		
	2000～2005 年	2005～2010 年	2010～2015 年
武汉	32.02	15.42	14.34
黄石	26.33	14.28	14.88
鄂州	8.29	41.55	12.80
孝感	12.30	14.09	10.69
黄冈	14.77	8.98	7.49
咸宁	14.62	18.41	14.46
仙桃	1.59	4.25	7.73
潜江	10.46	4.89	9.33
天门	8.25	8.73	3.00
十堰	－1.32	12.62	17.61
宜昌	0.83	29.99	11.68
襄阳	－15.47	31.15	8.66
荆门	8.79	36.52	5.20
荆州	5.27	36.12	9.76
随州	3.59	4.69	5.85
恩施	0.17	52.48	5.98
神农架	1.97	50.99	41.06
湖北省	7.05	21.91	9.93

资料来源：根据湖北省土地利用现状调查与变更数据整理。

（二）建设用地配置质量

我们用单位面积建设用地产出来反映建设用地质量，具体计算方法为：第二、第三产业产值与建设用地规模的比值，计算结果如表 7-6 所示。

第一，湖北省各城市建设用地质量得到了快速提升。2000 年，湖北省单位面积建设用地产出最大的为武汉市，达到 107.07 亿元/万公顷，其他城市均未达到武汉市的一半。荆州、随州、黄冈等地单位面积建设用地产出较低，不足 20 亿元/万公顷，恩施、神农架等鄂西地区则更低。2015 年，武汉市单位面积建设用地产出达到了 575.86 亿元/万公顷，鄂州、孝感、咸宁、仙桃、潜江、十堰、宜昌、襄阳等地区产出均超过 100 亿元/万公顷，恩施、随州、神农架等地区建设用地产出也得到了明显提升。2000~2015 年，湖北省各城市建设用地产出能力平均提高了 4 倍以上，建设用地质量得到了快速提升。

第二，湖北省各城市建设用地产出能力差异明显。2000~2015 年，武汉市作为省会城市，社会经济快速发展，建设用地产出能力稳步提升，一直是湖北省地均产出强度最大的城市，且远远高于其他城市。荆州、荆门、随州、天门、黄冈等地区作为重要的农业大市，建设用地产出一直处于较低水平，恩施、神农架受限于特殊的地形地貌条件，建设用地质量也不高。以 2015 年为例，武汉市单位面积建设用地产出是第二位宜昌的 2.47 倍，是产出能力最低的恩施的 10.87 倍。可见，湖北省 17 个地市州建设用地产出能力差异十分明显，区域土地发展不均衡。

第三，湖北省各城市建设用地产出能力差异在不断缩小。从单位面积建设用地产出变化率来看，2000~2015 年湖北省各城市建设用地质量快速提升，建设用地质量的差异在城市间不断缩小。如 2000~2005 年，鄂州、十堰、宜昌、襄阳、随州、恩施、神农架等后发地区，得益于区位、政策支持等优势，建设用地产出增长较快。2010~2015 年武汉、黄石、十堰等地单位面积建设用地产出增长幅度变小，而天门、襄阳、恩施等地保持高速增长。各城市在不同阶段，建设用地产出能力提升速度不同，不断缩小城市间建设用地产出。

表 7 – 6　　　　　湖北省主要年份单位面积建设用地产出及变化率

城市	单位面积建设用地产出（亿元/万公顷）				单位面积建设用地产出变化率（%）		
	2000 年	2005 年	2010 年	2015 年	2000 ~ 2005 年	2005 ~ 2010 年	2010 ~ 2015 年
武汉	107.07	153.37	336.89	575.86	43.24	119.65	70.93
黄石	50.73	68.55	122.11	186.96	35.13	78.14	53.11
鄂州	46.21	69.18	136.33	226.83	49.71	97.06	66.39
孝感	22.83	28.34	58.95	101.33	24.11	108.03	71.89
黄冈	18.70	15.95	38.65	70.68	– 14.72	142.31	82.88
咸宁	22.44	29.80	70.25	124.62	32.78	135.76	77.39
仙桃	30.96	37.49	77.26	154.32	21.09	106.10	99.73
潜江	34.36	37.85	109.78	201.96	10.14	190.06	83.97
天门	21.32	23.22	43.90	94.49	8.93	89.04	115.23
十堰	26.46	47.53	102.67	151.37	79.59	116.03	47.44
宜昌	35.89	58.66	118.26	233.55	63.44	101.61	97.48
襄阳	21.83	36.72	80.69	169.75	68.22	119.74	110.38
荆门	24.80	27.95	51.56	99.51	12.68	84.52	92.98
荆州	18.66	22.96	37.02	68.86	23.01	61.24	86.03
随州	13.90	21.01	44.88	87.87	51.14	113.60	95.78
恩施	11.19	16.68	25.94	52.97	49.05	55.51	104.22
神农架	14.67	26.30	44.56	55.04	79.29	69.46	23.51

资料来源：根据湖北省土地利用现状调查与变更数据和湖北省统计年鉴数据计算。

第三节　湖北省建设用地空间错配程度

建设用地利用具有负外部性，现实中建设用地配置还必须考虑到区域资源禀赋的异质性和区域社会经济发展的公平性。我们在前面的论述中，构建了土地资源空间错配测度模型，主要考虑到建设用地的负外部性，但是对于建设用地配置的公平性，上述模型并没有涉及。这也导致了土地资源空间配置规模在空间上存在显著的差异，高度聚集在经济发展水平较高的地区，而中部、西部地区尤其是西部地区建设用地最优配置规模严重偏低，与建设用地实际配置规模差距悬殊，建设用地空间错配程度严重。

为此本章将对土地资源空间错配模型进行改进，综合考虑建设用地空间配置的外部性、公平性，根据建设用地边际产出的负外部性、经济性和公平性来进行建设用地配置，进而构建建设用地空间错配测度模型及其效益损失模型。

一、模型构建与数据来源

（一）模型构建

假设社会上有 N 个地区，资本、劳动、土地及全要素生产率决定了社会产出，生产函数形式为拓展的 C－D 生产函数。建设用地承载了能源消费和污染排放等，具有负外部性（Parker，2007），应将建设用地利用负外部性考虑到土地边际回报中去。这样一来，社会总产出函数可表示为：

$$Y = \sum_{i}^{N} \left[A_i K_i^{\alpha_i} L_i^{\beta_i} S_i^{\gamma_i} - E_i(S_i) \right] \tag{7-1}$$

式（7-1）中 Y 表示区域总产出，L 表示劳动规模，K 表示资本存量，S 表示建设用地规模，A 表示技术水平，E 表示负外部性，N 表示地区个数，i 表示第 i 个地区。由上述理论分析可知，当建设用地边际整体回报在截面上相等时，建设用地实现有效配置。但式（7-1）中的建设用地边际回报仅考虑到建设用地经济产出和负外部性，未能反映用地配置的公平性和资源禀赋空间的异质性。为此，我们用建设用地边际产出与价格之比在截面上相等来表示建设用地资源有效配置，即当建设用地空间配置有效时满足：

$$\frac{MPS_1}{P_1} = \frac{MPS_2}{P_2} \cdots = \frac{MPS_i}{P_i} \cdots = \frac{MPS_n}{P_n}, \ 且 \sum_{i}^{n} S_i = S, \ n \ 为自然数 \tag{7-2}$$

式（7-2）中 MPS_i/P_i 表示第 i 个地区建设用地边际产出与价格之比。建设用地边际产出考虑到建设用地经济产出和负外部性，而土地价格能够综合反映区域建设用地供需关系和政府调控效果，因此 MPS_i/P_i 不仅考虑了土地资源的公共属性、禀赋异质性，还考虑了土地市场发育、土地行政干预情况，能够较好地定量刻画建设用地的公平性。另外，从经济学角度看，要素边际产出与要素价格（成本）之比在各截面上相等时，也保证了资源配置的效率性。

联立上述方程，便可以得到各地区建设用地有效配置时最优的建设用地规模。假定第 i 个地区建设用地最优配置规模为 $\overline{S}$，建设用地空间错配指数可以表述为：

$$LMI = S_i/\overline{S}_i \qquad\qquad (7-3)$$

当 $LMI = 1$ 时，建设用地不存在错配；当 $LMI < 1$ 时，建设用地存在短缺错配；当 $LMI > 1$ 时，则存在建设用地过度错配。$|LMI-1|$ 越大，表明建设用地错配越严重。现有文献一般用协议出让面积或划拨用地面积占总供应面积的比例、土地出让金占财政收入比例等指标来衡量建设用地空间错配，但这一做法的前提假设是土地市场配置机制是绝对有效的，明显与现实不符。本章用最优用地规模与现状用地规模之比来表示建设用地错配程度，考虑了土地市场错配因素，能够准确反映建设用地在区域之间的供需不匹配现象。

（二）数据来源

此处选择湖北省 17 个地市州作为实证对象，不仅数据可得性高，而且同一个行政区，更易实现资源错配纠正。书中劳动、产出、产业、资本、财政等数据均来自《湖北统计年鉴》（1997～2018 年）及各市统计年鉴。土地数据来自湖北省土地利用现状及变更调查数据。在估计各地市州生产函数系数时，采用1996～2017 年各地市州县级行政单元面板数据，神农架林区则为各乡镇面板数据。变量设置与上文土地资源空间错配测度模型一致。

二、模型检验与生产函数估计

同样选择柯布—道格拉斯生产函数作为区域生产函数形式，以 1996～2017 年湖北省 17 个地市州为样本，估算各地区生产函数系数。之所以选择 1996～2017 年的数据，主要是为增加样本数量，使得模型拟合度更好、估计系数更加可靠。首先，对各地州市生产函数模型形式进行豪斯曼（Hausman）检验，检验结果均表明应建立固定效应模型。其次，分别估算各地市州生产函数系数（见表7-7）。为减少序列相关、异方差、样本量不够大等问题造成的误差，我们采用 PCSE 方法进行模型估计。

表7-7　　　　　　　　　　　　　模型检验与估计结果

城市	估计系数				检验量		
	lnA	lnK	lnL	lnS	调整的 R^2	F 统计量	P 值
武汉	0.550 ** (2.497)	0.641 *** (102.850)	0.157 *** (3.093)	0.037 * (1.790)	0.989	1 671.580	0
黄石	-0.601 ** (-0.967)	0.334 *** (24.692)	0.692 *** (7.181)	0.169 ** (2.190)	0.981	845.072	0
鄂州	-6.402 *** (-3.456)	0.453 *** (7.921)	0.909 * (1.674)	0.655 *** (3.007)	0.971	437.763	0
孝感	-1.392 (-0.986)	0.496 *** (19.931)	0.126 * (1.967)	0.278 * (1.788)	0.970	541.521	0
黄冈	-0.364 ** (-1.636)	0.519 *** (65.909)	0.458 *** (7.282)	0.029 * (1.906)	0.991	1 941.753	0
咸宁	-2.573 *** (-3.325)	0.632 *** (45.719)	0.056 *** (2.692)	0.355 *** (3.892)	0.993	2 341.183	0
仙桃	-2.232 ** (-3.328)	0.742 *** (39.084)	0.576 *** (3.926)	0.072 * (1.770)	0.994	1 109.710	0
潜江	-1.022 (-1.357)	0.768 *** (27.864)	0.385 * (1.811)	0.022 (0.555)	0.993	932.665	0
天门	-1.864 * (-1.779)	0.620 *** (18.671)	0.638 * (2.087)	0.063 (0.914)	0.979	320.623	0
十堰	0.419 ** (2.307)	0.353 *** (50.005)	0.535 *** (15.419)	0.112 * (6.275)	0.994	3 228.489	0
宜昌	-2.207 * (-1.783)	0.345 *** (14.448)	0.651 *** (5.369)	0.384 ** (2.496)	0.947	342.217	0

续表

城市	估计系数				检验量		
	lnA	lnK	lnL	lnS	调整的 R^2	F 统计量	P 值
襄阳	1.463 * (1.971)	0.331 *** (16.362)	0.287 ** (2.531)	0.108 * (1.687)	0.972	629.391	0
荆门	0.594 (1.083)	0.218 *** (19.622)	0.475 *** (7.386)	0.178 * (2.904)	0.981	822.679	0
荆州	−1.007 (−1.253)	0.402 *** (18.104)	0.341 *** (3.094)	0.224 *** (2.932)	0.966	491.801	0
随州	−0.279 (−0.283)	0.285 *** (13.695)	0.615 *** (5.542)	0.155 (1.263)	0.993	1 885.410	0
恩施	−2.491 *** (−5.020)	0.312 *** (18.395)	0.601 *** (7.545)	0.315 *** (6.299)	0.991	1 935.719	0
神农架	0.342 *** (21.262)	0.495 *** (48.652)	0.108 *** (3.764)	0.045 ** (2.384)	0.975	674.481	0

注：*、**、*** 分别表示在 10%、5%、1% 的水平下显著，括号内为 T 统计量。

资料来源：根据湖北省土地利用现状调查与变更数据和湖北省统计年鉴数据计算。

从估计结果来看，系数基本通过了显著性检验，说明模型设置合理，能够用来表示区域产出。17 个地市州中，只有潜江、天门、随州三个城市土地要素估计系数在 10% 的置信水平上不显著，潜江、天门市因为样本数量偏少，影响了模型的估计效果，随州则是由于行政区划的调整对样本数据有影响，不过建设用地空间错配测度模型来看，估计值对结果影响不大，在可接受范围内。

从表 7-7 可知，资本、劳动、土地等要素系数均为正，资本要素的产出弹性普遍大于劳动和土地要素，表明生产要素投入有力地促进了湖北省的社会产出，且社会产出对资本要素投入更为敏感。但在不同城市之间，资本、劳动、土地等要素产出弹性存在明显的不同。从资本要素估计系数来看，仙桃、潜江、武汉、天门、咸宁等城市资本要素产出弹性较高，荆门、随州等城市资本要素产出弹性较低。劳动要素方面，黄石、鄂州、宜昌、随州、恩施、天门等地城市劳动要素产出弹性较好。相反，武汉、孝感、神农架等城市劳动要素产业弹性较低。土地要素的产出弹性差异更为明显，鄂州、宜昌、咸宁、恩施等城市土地要素产出弹性较高，武汉、仙桃、黄冈、天门、潜江、神农架产出弹性较低。各投入要素在不同城市间的差异说明在不同城市经济发展中，对投入要素的需求程度或敏感性是不同的，有些城市更需要土地要素，而有些城市资本、劳动要素紧缺，这就需要湖北省在资源要素配置中，根据不同地区资源需求及贡献，有针对性地安排资源供给。需要说明的是：由于行政区划的调整，随州市各县区数据不完整，可能影响了随州市生产函数系数的显著性；天门和潜江由于样本量有限，土地产出弹性显著性不高，但从整体趋势和散点图来看，不影响生产函数形式及函数的应用；神农架林区采用各乡镇面板数据进行估计，其他地市州均采用各县区样本数据估计。

三、建设用地空间错配指数测算

在估算出湖北省各地市州生产函数形式的基础上，运用 matlab 编程求解方程组，便可得到各地市州 1996～2017 年建设用地规模，此时各地市州建设用地边际产出与土地价格之比相等，湖北省建设用地空间配置状态最优。进一步，运用式（7-3）可以得到湖北省 1996～2017 年 17 个地市州建设用地错配指数（见表 7-8）。建设用地空间错配指数可以判断出建设用地错配类型，能够直观地反映建设用地空间错配成因，即由于过度配置建设用地资源而造成错配，还是由于建设用地配置不足而导致错配。建设用地错配程度可以用来衡量建设用地错配大小和变化趋势。

从错配类型来看，湖北省 1996～2017 年建设用地空间过度错配和短缺错配并存。其中，武汉、黄石、鄂州、仙桃、潜江、天门等地主要表现为短缺错配，即建设用地现实配置未能满足该区域的用地需求。孝感、黄冈、十堰、宜昌、襄阳、荆门、荆州、随州、恩施等地主要表现为过度错配，建设用地现实配置大于最优配置规模。而咸宁、神农架林区则在不同时期，呈现不同的建设用地错配类型。湖北省建设用地空间错配类型的不同，充分表明 1996～2017 年湖北省建设用地配置未达到最优，有些地区供过于求，有些地区供不应求，导致过度错配与短缺错配同时存在。

表7-8

1996～2017年湖北省各地市州建设用地错配指数

年份	武汉	黄石	鄂州	孝感	黄冈	咸宁	仙桃	潜江	天门	十堰	宜昌	襄阳	荆门	荆州	随州	恩施	神农架
1996	0.922	0.457	0.141	1.388	1.580	1.240	0.421	0.283	0.747	1.450	1.555	1.679	0.886	1.541	1.177	1.655	1.212
1997	0.896	0.537	0.155	1.323	1.537	0.887	0.399	0.272	0.733	1.476	1.555	1.585	1.223	1.386	1.156	1.610	1.218
1998	0.854	0.505	0.156	1.318	1.508	0.909	0.429	0.281	0.729	1.486	1.610	1.556	1.238	1.445	1.137	1.651	1.158
1999	0.885	0.391	0.214	1.252	1.469	0.800	0.472	0.320	0.695	1.323	1.481	1.627	1.168	1.442	1.149	1.557	1.084
2000	0.946	0.375	0.229	0.994	1.465	0.828	0.469	0.326	0.696	1.337	1.436	1.720	1.156	1.459	1.310	1.543	1.130
2001	0.942	0.363	0.221	0.973	1.472	0.836	0.528	0.340	0.696	1.294	1.422	1.704	1.125	1.449	1.356	1.591	1.132
2002	0.974	0.404	0.214	1.010	1.573	1.161	0.485	0.352	0.682	1.148	1.331	1.675	1.031	1.387	1.309	1.572	1.062
2003	0.980	0.403	0.211	1.010	1.597	1.160	0.479	0.346	0.697	1.177	1.341	1.656	1.013	1.378	1.334	1.608	1.078
2004	0.992	0.403	0.204	1.002	1.629	1.147	0.483	0.341	0.839	1.095	1.291	1.681	0.985	1.413	1.338	1.670	1.079
2005	0.998	0.346	0.191	1.029	1.832	1.180	0.462	0.357	0.850	0.999	1.240	1.670	1.131	1.478	1.395	1.720	0.908
2006	1.003	0.346	0.190	1.024	1.824	1.120	0.456	0.331	0.842	1.004	1.220	1.971	1.146	1.501	1.409	1.728	0.321
2007	1.015	0.365	0.188	1.006	1.828	1.216	0.456	0.315	0.845	0.968	1.267	1.605	1.146	1.587	1.467	1.823	0.350
2008	1.032	0.402	0.194	0.998	1.854	1.145	0.436	0.291	0.785	1.027	1.252	1.556	1.253	1.510	1.402	1.745	0.341
2009	0.917	0.385	0.220	0.941	1.752	0.898	0.448	0.242	0.736	1.133	1.250	1.633	1.417	1.662	1.266	2.018	0.463
2010	0.897	0.415	0.222	0.996	1.749	0.891	0.417	0.269	0.609	1.042	1.322	1.574	1.399	1.697	1.260	1.960	0.395
2011	0.922	0.411	0.235	1.037	1.750	0.850	0.374	0.269	0.596	1.139	1.297	1.519	1.389	1.706	1.238	1.991	0.561
2012	0.962	0.423	0.236	1.027	1.722	0.791	0.349	0.243	0.651	1.194	1.309	1.510	1.423	1.756	1.220	1.937	0.503

续表

年份	武汉	黄石	鄂州	孝感	黄冈	咸宁	仙桃	潜江	天门	十堰	宜昌	襄阳	荆门	荆州	随州	恩施	神农架
2013	0.961	0.445	0.234	1.081	1.701	0.729	0.325	0.262	0.629	1.304	1.323	1.521	1.393	1.710	1.211	1.876	0.606
2014	0.951	0.466	0.248	1.084	1.669	0.724	0.317	0.255	0.610	1.297	1.356	1.520	1.384	1.715	1.184	1.853	0.815
2015	0.919	0.808	0.232	1.033	1.612	0.626	0.280	0.224	0.574	1.207	1.297	1.955	1.473	1.720	1.098	1.786	1.326
2016	0.927	0.840	0.243	1.050	1.602	0.627	0.281	0.225	0.567	1.213	1.312	1.952	1.463	1.653	1.094	1.764	1.569
2017	0.914	0.847	0.243	1.047	1.584	0.628	0.278	0.221	0.546	1.198	1.371	1.946	1.453	1.710	1.085	1.753	1.606

注：表中指数大于 1 表示过度错配，反之表示短缺错配。

资料来源：根据湖北省土地利用现状调查与变更数据和湖北省统计年鉴数据计算。

从错配程度来看，1996～2017 年湖北省建设用地空间错配程度总体上有所改善，但局部地区错配程度加剧。利用 $|LMI-1|$ 表示建设用地空间错配程度，可以发现，武汉、黄石、鄂州、孝感等地 $|LMI-1|$ 总体上呈下降趋势，表明该地区建设用地错配程度得到缓解，建设用地配置效率有所提升。但潜江、天门等地 $|LMI-1|$ 在不断增加，说明建设用地错配程度呈上升趋势，建设用地错配程度加剧。因此，湖北省近二十年来，建设用地配置总体效率是有所提升的，但是在局部地区建设用地错配有不断恶化的趋势，建设用地空间配置状态还有很大的改进空间。

从错配指数与程度的变化来看，湖北省建设用地空间错配指数与错配程度的变化特征与湖北省区域发展策略和土地利用政策有着密切联系。20 世纪 90 年代，湖北省确立了"一特五大"的发展战略，在政策和资源上优先发展武汉、荆州、黄石、襄樊、宜昌、十堰等城市。土地、资金等要素不断向该地区流入，荆州、十堰、襄樊、宜昌等城市用地迅速扩张。但是由于自身发展方式与局限，这些城市间的差异也慢慢体现出来。武汉、黄石等得到迅速发展，社会经济全面提升，土地利用效率不断提升，而宜昌、襄阳、荆州、十堰等城市发展后劲不足，相对城镇化速度而言，土地城镇化过快，建设用地出现了过度配置。21 世纪以来，湖北省实行了"一手抓城市圈、一手抓县域经济"的战略，仙桃、潜江、天门等独立归省直管，武汉、黄石、鄂州、咸宁等组成武汉城市圈，人口、产业、资本等要素集聚，社会经济得到迅速发展，用地需求也进一步加大，建设用地配置相对短缺。由此可见，湖北省的区域经济发展战略与建设用地错配变化特征有着密切联系。

第四节　湖北省建设用地空间错配效率损失

一、建设用地空间错配效率损失模型

建设用地空间错配必然导致效率损失。已有研究探讨土地错配效率损失时，多借鉴 HK 资源错配框架，假设存在完全竞争的要素与产品市场，引入土地价格扭曲系数、要素投入扭曲系数来估算土地在产业部门间或企业间错配带来的经济效率损失。但在宏观尺度上，受建设用地总量供给、增量分配与价格受规制、政策、制度、区域禀赋等系列因素影响，跨行政单元的建设用地市场发育迟缓，各行政单元无法像微观企业一样在市场上获得土地要素投入，也不以经济效益最大化为目标，要素扭曲程度很难准确衡量。因此，我们利用重置法测度建设用地错配效率损失。在现有劳动、资本等要素投入不变的情形下，当建设用地在地区间发生错配时，建设用地现状产出为 Y_{cef}。当进行建设用地重新配置达到有效状态时，可以获得最优的产出 Y_{oef}。建设用地空间错配效率损失（efl）可以定义为建设用地有效配置产出与错配产出差值与有效配置之比，具体表示为：

$$\text{efl} = (Y_{oef} - Y_{cef})/Y_{oef} = (\sum_{i}^{N}\int_{0}^{\bar{S}_i}\text{MP}\bar{S}_i\text{dS}_i - \sum_{i}^{N}\int_{0}^{S_i}\text{MPS}_i\text{dS}_i)/\sum_{i}^{N}\int_{0}^{\bar{S}_i}\text{MP}\bar{S}_i\text{dS}_i$$

$$(7-4)$$

对某一单元来说，建设用地重置前后，劳动、资本等要素成本未发生变化，为方便计算可不做考虑，由此导致的结果是错配效率损失会增加，但对我们的研究结果影响不大。由于区域资源配置的公平性很难进行准确衡量，我们最优产出中仅考虑建设用地的经济产出和负外部性产出。之所以选择土地产出而不是土地报酬（纯收益），是因为对行政单元来讲，一方面其不是以经济效益最大化为目标，另一方面其获得资源的成本无法准确计量。

二、建设用地空间错配效率损失测度结果

建设用地空间错配必然带来配置效率的损失，有必要进一步对建设用地空间错配效率损失及其变化趋势进行探究，为湖北省建设用地优化配置提供参考。当建设用地有效配置时，可以得到各地市州建设用地边际产出和最优配置规模，再根据式（7-4），便可以得到 1996～2017 年湖北省建设用地空间错配效率损失（见表 7-9）。

表7-9 1996~2017年湖北省建设用地空间错配效率损失

单位：%

年份	武汉	黄石	鄂州	孝感	黄冈	咸宁	仙桃	潜江	天门	十堰	宜昌	襄阳	荆门	荆州	随州	恩施	神农架	湖北省
1996	1.88	11.89	75.73	-7.44	-4.14	-7.46	6.84	8.95	1.30	-5.28	-23.65	-25.59	-4.12	-14.25	-3.20	-25.65	-1.46	6.92
1997	1.73	11.13	73.40	-5.44	-4.04	-4.66	7.14	9.11	1.24	-5.78	-24.37	-23.29	-1.77	-12.41	-3.14	-25.00	-1.61	5.72
1998	1.64	12.46	73.40	-4.50	-3.94	-4.52	6.59	8.93	1.47	-5.59	-26.06	-22.25	-1.89	-13.75	-2.44	-26.91	-1.23	5.73
1999	1.58	17.07	65.54	-1.48	-3.83	2.65	5.81	8.01	2.04	-3.48	-19.28	-24.22	-2.36	-13.33	-2.48	-25.22	-0.78	3.51
2000	1.16	18.46	64.55	-0.92	-3.81	4.60	6.16	8.14	2.19	-3.33	-15.89	-26.31	-1.60	-13.32	-4.53	-23.69	-0.88	3.11
2001	1.24	18.96	65.70	-0.95	-3.85	6.01	5.09	7.83	2.22	-2.75	-15.81	-25.76	-1.99	-12.83	-5.33	-24.77	-0.89	3.44
2002	0.90	16.24	65.15	-1.89	-4.58	4.66	5.41	7.23	2.12	-1.24	-12.88	-19.64	-1.20	-11.88	-5.14	-25.92	-0.74	3.79
2003	0.92	16.86	65.74	-2.05	-5.06	5.40	5.39	7.29	1.48	-1.71	-13.27	-20.28	-1.18	-12.48	-6.59	-18.46	-0.61	3.81
2004	0.89	16.78	66.63	-1.89	-5.32	6.54	5.24	7.40	-0.59	-0.59	-10.80	-21.23	-0.05	-13.83	-6.73	-20.67	-0.64	3.48
2005	0.78	17.52	67.09	-3.52	-5.87	4.91	5.57	6.88	0.48	0.41	-9.59	-19.46	-2.59	-14.36	-6.64	-17.33	0.79	3.22
2006	0.86	18.30	68.03	-2.66	-5.90	7.69	3.08	5.72	0.51	0.79	-7.29	-20.26	-2.26	-14.99	-6.68	-17.62	1.29	3.33
2007	0.84	17.87	68.87	-1.58	-5.93	3.91	3.17	5.79	0.50	1.54	-8.52	-16.70	-1.91	-17.42	-7.49	-19.92	2.41	3.41
2008	0.72	17.24	69.03	-0.81	-5.95	6.07	3.82	5.37	0.79	1.02	-6.89	-15.28	-4.06	-16.48	-7.06	-20.90	4.56	3.40
2009	1.49	18.09	66.49	1.47	-5.29	11.23	3.12	5.10	0.93	2.01	-7.36	-19.28	-7.94	-21.52	-4.77	-25.81	4.14	3.93
2010	1.37	17.30	66.57	-0.13	-5.08	13.10	2.21	4.46	2.29	3.53	-10.59	-16.87	-7.33	-22.23	-4.46	-24.20	3.97	3.83
2011	1.06	17.42	65.01	-1.84	-4.41	14.10	3.32	4.68	2.67	2.07	-8.94	-14.56	-6.87	-21.97	-3.65	-24.43	3.69	3.42
2012	0.66	17.29	65.47	-0.90	-4.16	16.48	2.34	5.86	2.52	1.54	-8.33	-13.58	-6.54	-22.81	-2.90	-22.28	3.48	3.13

续表

年份	武汉	黄石	鄂州	孝感	黄冈	咸宁	仙桃	潜江	天门	十堰	宜昌	襄阳	荆门	荆州	随州	恩施	神农架	湖北省
2013	0.68	16.33	66.30	-3.31	-3.90	17.64	2.78	5.33	2.97	-0.06	-7.46	-13.70	-6.48	-21.53	-2.54	-19.34	3.12	3.26
2014	0.77	15.70	65.26	-3.59	-3.72	18.25	2.42	5.25	3.12	-0.15	-5.92	-13.47	-6.46	-22.61	-2.25	-19.14	2.58	3.24
2015	1.07	2.22	67.56	-1.43	-3.23	23.14	2.53	4.77	3.65	0.98	-4.87	-12.51	-8.92	-22.71	-0.53	-16.38	2.42	3.85
2016	0.96	1.33	67.03	-0.63	-3.14	23.41	2.67	4.75	3.81	0.81	-3.84	-12.53	-8.63	-22.80	-0.38	-15.79	1.97	3.73
2017	0.90	0.89	67.65	-0.54	-3.05	22.23	2.60	4.59	4.07	0.93	-3.71	-12.31	-8.60	-22.90	-0.29	-16.00	1.14	3.84
均值	1.10	14.42	67.55	-2.09	-4.46	8.88	4.24	6.43	1.90	-0.65	-11.61	-18.60	-4.31	-17.38	-4.05	-21.61	1.21	1.10

资料来源：根据湖北省土地利用现状调查与变更数据和湖北省统计年鉴数据计算。

从表 7–9 可知，湖北省 1996～2017 年，建设用地空间错配效率损失由 6.92% 下降到 3.84%，空间错配效率损失在 10% 以下。武汉、孝感、黄冈、荆门、随州、神农架、仙桃、潜江、天门等地区空间错配效率损失较低，均在 10% 以下。但是黄石、鄂州、襄阳、恩施等地区建设用地空间错配效率损失较高，鄂州超过 60%，表明该地区建设用地配置极不合理。

三、建设用地空间错配效率损失特征

从表 7–9 可以看出，湖北省 1996～2017 年建设用地空间错配效率损失具有以下特征：

（1）湖北省建设用地空间错配效率损失在不断降低。总体上看，湖北省建设用地空间错配效率损失由 1996 年的 6.92% 下降到 2017 年的 3.84%，年均减少了 2.03%。从各内部单元来看，湖北省大部分城市建设用地空间错配效率损失是逐渐下降的，如黄石、孝感、十堰、随州等地区，年均减少均在 4% 以上。但也有部分地区效率损失在不断增加，如咸宁、天门、荆门、荆州等地区由于建设用地错配程度呈上升趋势，导致其错配效率损失仍在增加。但从整体上看，湖北省 1996～2017 年建设用地空间错配效率损失正在不断降低，建设用地配置不断优化。

（2）建设用地空间错配是湖北省经济增长的阻碍因素之一。从湖北省各城市建设用地错配效益损失率来看，部分城市如孝感、黄冈、十堰、宜昌、襄阳、荆门、荆州、恩施等地区建设用地空间错配效率损失为负，表明该地区因建设用地的倾斜性配置，增加了该地区的经济产出。但是有限的资源过度配置，导致了武汉、黄石、仙桃、潜江、天门等地区建设用地供给不足，造成区域经济损失。因建设用地短缺而造成的地区经济损失大于过度配置带来的经济增加值，整体上湖北省建设用地空间错配仍然造成了较为严重的效率损失。根据式（7–4）的估算结果，1996～2017 年，湖北省因建设用地错配而导致的经济损失累计达到 3.90 万亿元，其中 2017 年经济效益损失最大为 6 711 亿元，占当年地区生产总值的 19.36%。也就是说，如果能够纠正湖北省建设用地空间错配，可以使湖北省经济产值提升近两成。可见，建设用地空间配置效率的提升能够极大的提高湖北省经济产值，推进地区经济快速增长。

（3）湖北省各城市单元建设用地空间错配效率损失、损失类型存在显著的地区差异。由表7-9可知在错配效率损失上，鄂州错配效率损失最大，年均损失为67.55%，其次是荆州，达到17.38%，武汉、神农架、十堰等地损失较小。在错配损失类型上，可将建设用地错配效率损失类型分为过度错配效率损失和短缺错配效率损失。武汉、黄石、鄂州、仙桃、潜江、天门等地因建设用地短缺错配导致效率损失，孝感、黄冈、宜昌、襄阳、荆门、随州、恩施则是因建设用地过度错配导致效率损失。咸宁、十堰、神农架均由过度错配转变为短缺错配。因此，在建设用地空间配置时，应充分考虑各城市单元建设用地错配效率损失程度与类型，一方面要优先改善鄂州、荆州等错配效率损失较高的地区资源配置状态，规范建设用地审批供应与利用监管，以纠正建设用地错配；另一方面要制定差别化的土地政策，增加短缺错配地区用地配置，严控过度错配地区用地总量，提高建设用地配置效率。

第八章
土地资源错配机制与检验

前文我们主要介绍了土地资源错配理论及模型，并运用相关模型对我国土地资源部门错配、省际错配、市际错配的时空特征进行了探讨，为纠正土地资源、优化资源配置提供了技术依据。为进一步明确土地资源错配成因及形成机制，本章对土地资源错配的内在机制进行探讨，为推动土地资源配置机制改革奠定基础。

第一节　土地资源错配机制理论与假说

一、土地资源错配机制理论分析

土地资源作为基础资源，与资本、劳动等资源一样，土地资源错配亦是客观存在的。已有研究表明，市场不完善或扭曲、制度因素、行政干预等是资源错配的重要成因（戴小勇，2018；Restuccia & Rogerson，2008）。土地资源具有资源和资产双重属性且高度分化，土地利用与管控受市场、制度和政策的影响尤为明显。一方面，政府垄断土地一级市场，城乡土地市场分割，土地市场发育明显滞后于资本、劳动等要素市场，土地资源在市场上自由流动受限。另一方面，在现有行政制度下，政府主导土地资源配置成为常态化，过度干预或干预不当等政府失灵情况时常发生。另外，长期以来的普适性用地政策与区域资源禀赋异质的不适应性凸显，又加剧了土地供需矛盾，造成配置效率损失。可见，中国土地市场发育状况、制度与政策性因素理论上会造成土地资源空间错配，深入探讨土地资源错配机制十分必要。

从技术层面资源错配包括内涵型错配、外延型错配、资源组合型错配等类型。然而在实际中，鉴于可操作性，内涵型错配被广泛关注。在实证研究中，运用资源边际产出在截面上是否相等来衡量资源错配也成为众多学者的一般做法。这其中以谢长泰和皮特·克莱诺（Chang - Tai Hsieh & Peter J. Klenow，

2009）提出来的资源内涵型错配分析框架（以下简称"HK 框架"）运用最广亦最具代表性。HK 框架引入要素市场扭曲程度来描述资源错配，假设企业收益函数为：

$$\pi_{si} = (1 - \tau_{Y_{si}}) P_{si} Y_{si} - \omega L_{si} - (1 + \tau_{K_{si}}) R K_{si} \qquad (8-1)$$

其中，π_{si} 为企业收益，$\tau_{Y_{si}}$ 为产品市场扭曲，$\tau_{K_{si}}$ 表示资本市场扭曲，越大代表外部融资难度或成本越高。Y_{si}、K_{si}、L_{si}、P_{si} 分别表示企业产出、资本投入、劳动投入以及产品价格，ω、R 分别表示工资水平和资本利率。

当企业要素投入最优时，满足以下关系：

$$\frac{K_{si}}{L_{si}} = \frac{\alpha_s}{1 - \alpha_s} \frac{W}{R} \frac{1}{(1 + \tau_{K_{si}})}$$

$$L_{si} \propto \frac{A_{si}^{\sigma-1}(1 - \tau_{Y_{si}})^{\sigma}}{(1 + \tau_{K_{si}})^{\sigma_s(\sigma-1)}}$$

$$Y_{si} \propto \frac{A_{si}^{\sigma-1}(1 - \tau_{Y_{si}})^{\sigma}}{(1 + \tau_{K_{si}})^{\sigma_s\sigma}} \qquad (8-2)$$

当存在市场扭曲时，资源错配的表现可以描述为：

$$MRPL_{si} = (1 - \alpha_s) \frac{\sigma - 1}{\sigma} \frac{P_{si} Y_{si}}{L_{si}} = \omega \frac{1}{1 - \tau_{Y_{si}}}$$

$$MRPK_{si} = \alpha_s \frac{\sigma - 1}{\sigma} \frac{P_{si} Y_{si}}{K_{si}} = R \frac{1 + \tau_{Y_{si}}}{1 - \tau_{Y_{si}}} \qquad (8-3)$$

谢长泰和皮特·克莱诺（Chang – Tai Hsieh & Peter J. Klenow，2009）运用资源错配测度模型对中国劳动及资本进行重新配置，发现中国全生产要素（TFP）可以提升 25% ~ 40%。金敏镐等（Minho Kim et al.，2017）运用谢长泰和皮特·克莱诺构建的资源错配测度模型，对韩国 1982~2007 年制造业部门配置效率进行诊断，结果发现按大多数行业内部存在要素配置扭曲，配置扭曲与行业年龄和增值有关联。

然而土地资源有其特殊性，劳动、资本等要素资源错配的判断标准和分析框架不能直接用于土地资源错配判别和效率损失测度。一方面是因为建设用地资源本身具有公共属性，土地资源配置不仅要追求边际经济产出，还要兼顾区域社会公平、粮食安全、生态保护等边际社会产出。而无论是内涵型错配还是外延型错配，对资源错配的描述是以资源边际产出为依据的，实际研究中均采用边际经济产出代替，边际社会产出和生态产出考虑不足（与资本和劳动的属性有关），显然不符合土地资源的根本属性。另一方面，由于土地资源具有位置固定性和空间异质性，不能像资本、劳动等传统要素在市场上自由流动，同时土地取得成本受行政干预、地区资源禀赋的影响较大，土地边际回报差异显著且很难准确地度量。而资本、劳动等要素市场相对完善，要素价格可以准确反映要素获得成本，进而准确表征土地边际回报。

二、建设用地空间错配机制假说提出

中国现行土地资源配置方式以政府主导和市场机制为主（刘守英，2013），土地一级市场由政府垄断，政府通过用地总量控制、增量分配、用地监管、政策约束等手段调控建设用地一级市场。土地二级市场以市场配置机制为主导，形成了相对完善的价格机制、竞争机制，能够实现土地使用权在各微观主体间自由流转。土地市场配置机制下，土地资源配置以效率为导向，由于存在禀赋异质，资源将向着具有比较优势的地区和部门流动，导致土地非均衡发展、地区差异增大、公平损失，导致资源错配。同时，土地利用具有很强的外部性，市场也会失灵，效率导向下存在土地过度开发、土地生态承载力下降、土地质量退化等负外部性，导致资源错配。土地政府主导配置下，土地资源配置兼顾公平性，初次配置时政府是资源配置的主导者，由于禀赋异质考虑不足，中央政府与地方政府利益目标不一致，出现地区竞赛、产业同构等现象，导致土地资源错配；再次配置时政府作为资源配置的调节者，土地宏观调控失度，政府干预过度或纠正不足，导致资源错配。可见，土地资源市场错配和政府错配可能导致土地资源空间错配（见图8-1），为验证这一论述，我们提出土地资源空间错配机制的两个假说，并进行实证检验。

建设用地是土地资源的重要类型，建设用地配置是土地资源配置的核心。同时，我国政府配置土地资源的重要手段和途径就是对建设用地总量控制和增量的分配以及建设用地质量的监管。市场机制参与土地资源配置，主要是参与建设用地资源的配置，其他用地类型市场发育滞后。因此，本章主要针对建设用地空间错配机制进行探讨。鉴于上述分析，我们提出以下假说并绘制了建设用地空间错配机制框架。

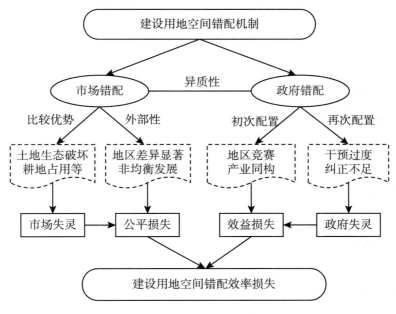

图 8 – 1 建设用地空间错配机制

资料来源：本书总结。

假说1：市场配置机制下，建设用地非均衡发展、负外部性扩散，导致建设用地空间错配。

假说2：政府主导配置下，政府干预过度或纠正不足，导致建设用地空间错配。

第二节 建设用地空间错配机制验证模型

一、错配机制模型设置

根据前文的分析和假说，建设用地空间错配不仅来自政府土地错配，还来自土地市场错配。我们建立建设用地空间错配机制计量模型，模型基准形式如下：

$$\text{lnlmi}_i = c + \alpha' \text{lnmkt} + \beta' \text{lngov} + \gamma' \text{lnctl} + \varepsilon \qquad (8-4)$$

其中，lmd_i 表示第 i 个地区建设用地错配指数，采用 $\text{lmi} - 1$ 的绝对值表示；c 代表常数项，mkt 表示土地市场错配变量，土地市场错配的主要表现为土地要素在地区间、部门间的不合理流动和土地利用的负外部扩散，因此我们采用土地非均衡发展（mkt_lud）和建设用地负外部性（mkt_nex）衡量。gov 表示政府错配变量，政府主导建设用地配置的行为主要表现为政府干预土地供应方式、调控土地供应总量与结构，采用土地非市场化供应比例（gov_nms）、产业同构系数（gov_iic）、土地财政依赖度（gov_lfd）衡量。ctl 代表控制变量，已知市场不完善或扭曲、制度因素、政策性因素等是资源错配重要成因，因此我们选取产业结构（clt – ind）、所有制结构（clt – ownr）、政府腐败（clt – corr）、要素市场发育程度（clt – dvlp）四个变量作为控制变量，纳入模型。ε 表示误差项。由此可以将基准模型形式拓展为：

$$\begin{aligned}
\text{lnlmi}_{ti} = &\, c + \alpha_1' \text{lnmkt\_lud}_{ti} + \alpha_2' \text{lnmkt\_nex}_{ti} + \beta_1' \text{lngov\_nms}_{ti} + \beta_2' \text{lngov\_iic}_{ti} \\
&+ \beta_3' \text{lngov\_lfd}_{ti} + \gamma_1' \text{lnctl\_ind}_{ti} + \gamma_2' \text{lnctl\_ownr}_{ti} + \gamma_3' \text{lnctl\_corr}_{ti} \\
&+ \gamma_4' \text{lnctl\_dvlp}_{ti} + \varepsilon \qquad (8-5)
\end{aligned}$$

二、模型变量设置

（1）生产函数变量选取。地区产出采用第二、第三产业产值，劳动要素投入用城镇人口数量表示，建设用地包括城镇村及工矿用地和交通运输用地面积，建设用地负外部性产出用地区工业污染治理投资额表示。资本存量采用永续盘存法计算，折旧率取 10%，当年投资额用第二、第三产业固定资产投资表示。

（2）土地市场错配变量选取。土地非均衡发展（mkt_lud）采用单位面积建设用地第二、第三产业产值与单位面积农用地第一产业产值来表示，建设用地负外部性指标（mkt_nex）采用 PM2.5 浓度年平均值衡量。

（3）政府错配变量选取。土地非市场化供应比例（gov_nms）用划拨用地面积占土地供应总面积的比例表示，土地财政依赖度（gov_lfd）用土地出让金与财政收入之比表示，产业同构系数（gov_iic）运用克鲁格曼结构差异度指数法进行计算。产业同构系数具体计算步骤为：首先，选择制造业作为衡量产业同构的产业数据来源；其次，根据省级制造业企业数量和产值，确定省级主导产业，亦作为市级主导产业确定依据；最后，计算各市级主导产业产值份额占全省该产业的比值作为产业结构系数，系数越大，同构程度越大。

（4）控制变量选取。产业结构（clt_ind）利用工业产值占 GDP 的比重表示，所有制结构（clt_ownr）采用民营经济增加值占 GDP 的比重表示，政府腐败（clt_corr）利用审计机关审计问题金额占财政支出比重表示，要素市场发育程度（clt_dvlp）采用实际利用外资占 GDP 的比重衡量。

三、数据来源

选择湖北省 17 个地市州作为实证对象，一方面是因为数据可得性高，另一方面是同一个行政区，更易实现资源错配纠正。劳动、产出、产业、资本、财政等数据均来自《湖北统计年鉴》（1997～2018 年）及各市统计年鉴。审计问题金额来自《中国审计年鉴》（1997～2018 年），PM2.5 浓度来自哥伦比亚大学发布的分年度世界 PM2.5 密度图和中国各城市空气质量监测数据，土地数据来自湖北省土地利用现状及变更调查数据。在估计各地市州生产函数系数时，采用 1996～2017 年各地市州县级行政单元面板数据，神农架林区则为各乡镇面板数据。

第三节　建设用地错配机制实证检验

一、建设用地错配机制检验结果

以湖北省 1996～2017 年 17 个地市州为样本，采用逐步回归的方法，逐步添加自变量，探讨各变量对建设用地空间错配的影响。为减少异方差和自相关性，我们对变量指标取自然对数，采用 PEGLS 方法估计。结果显示，模型中的核心变量和控制变量均通过了显著性检验，且在逐步加入核心变量的情况下，模型拟合得更好，说明模型运行结果可以用来解释各变量对建设用地空间错配的影响（见表 8 – 1）。

表 8 – 1　　　　　　　　　　　　建设用地错配机制检验结果

变量	变量指标	模型估计			
被解释变量	建设用地错配程度（lmd$_i$）	模型一	模型二	模型三	模型四
核心变量	土地负外部性（mkt_nex）	0.019 *** (4.062)	0.024 *** (6.478)	0.001 *** (0.069)	0.041 *** (4.988)
	土地非均衡性（mkt_lud）		1.496 *** (26.382)	2.832 *** (19.804)	2.300 *** (21.649)
	土地财政依赖度（gov_lfd）			0.064 *** (11.937)	0.083 *** (13.985)
	土地非市场化供应程度（gov_nms）				0.104 *** (11.984)
控制变量	产业结构集中化（clt_ind）	0.465 *** (18.08)	0.880 *** (50.322)	0.779 *** (18.977)	0.704 *** 19.088
	要素市场发育度（clt_dvlp）	0.148 *** 19.361	0.160 *** 29.063	0.164 *** 17.600	0.182 *** 22.244
	政府廉洁程度（clt_corr）	– 0.017 *** (– 5.419)	– 0.012 *** (– 5.597)	– 0.028 *** (– 6.260)	– 0.032 *** (– 7.952)
	所有制多元化程度（clt_ownr）	– 0.427 *** (– 23.145)	– 0.384 *** (– 27.577)	– 0.508 *** (– 22.379)	– 0.490 *** (– 20.771)
样本容量		374	374	374	374
R^2		0.997	0.996	0.991	0.990
F – statistic		5 063.521	3 857.455	1 755.526	1 491.646

注：*** 表示在 10% 水平上显著，括号内为 T 统计量。

资料来源：根据湖北省土地利用现状调查与变更数据和湖北省统计年鉴数据计算。

二、建设用地错配机制结果分析

由表 8 - 1 可知，核心变量中土地负外部性和土地非均衡性对建设用地错配程度有着正向影响，假说 1 得到了验证。即在市场配置机制下，建设用地的非均衡发展和负外部性扩散，会增加建设用地空间错配程度。这是因为不同地区建设用地数量、质量、结构、区位、要素匹配性等禀赋异质性显著，区域建设用地产出效益不同，比较优势现实存在。在市场机制配置资源的情形下，建设用地资源必然向着比较优势明显的地区和部门流动，造成建设用地产出效益差进一步加剧，区域非均衡发展，配置公平性损失。同时，建设用地配置具有公益属性、外部性明显，在市场机制下，土地利用以效率为导向，土地利用者往往不用承担负外部性成本，区域土地过度开发、生态恶化、污染排放等负外部性频现，造成建设用地配置的社会生态效益损失。

核心变量中，土地财政依赖度和土地非市场化供应程度对建设用地错配程度有着正向影响，假说 2 得到验证。即政府主导配置下，政府过度干预建设用地供应结构与用途以及供应方式，会造成建设用地错配。一方面，政府通过协议、划拨等非市场化的方式供应土地，干预土地供应方式，获得建设用地配置权利，通过调整"工、商、住"等土地供应比例，干预建设用地供应结构与用途，获得额外的土地出让金，形成"政府寻租"，建设用地错配。另一方面，政府非市场化供应方式与供应结构调控行为，注重地区间公平性，与土地市场需求、产业结构转型、土地利用效率不匹配，加剧了建设用地供需矛盾、产业趋同、地区恶性竞争，导致建设用地在部门间、产业间、地区间错配。

除市场错配机制和政府错配机制外，产业结构、市场化发育程度、政府廉洁程度、所有制结构等亦会影响建设用地错配程度。从表 8 - 1 的控制变量系数可知，产业结构中工业比重和要素市场发育程度加剧了建设用地错配程度。工业比重越高，产业结构越单一，产业转型升级难度大，而且产业用地效率也低于新兴产业和高新技术产业，导致建设用地在产业间配置效率难以提升。要素市场化程度会造成建设用地错配的主要原因在于：一方面，土地市场本身就会失灵，市场化程度越高，追求效率的配置越突出，难以兼顾公平，这与市场错配机制是一致的。另一方面，我们用实际利用外资来表示要素市场发育程度，湖北省为吸引外资配套了优惠性税收和土地政策（如减征 15% 的企业所得税和工业用地出让最低价标准 70% 的出让底价[①]），要素市场化程度与政府招商引资政策干预存在内在关联，亦会导致建设用地在产业间和地区间错配。在控制变量中，政府廉洁程度和所有制多元化程度对建设用地空间错配有着负向作用，说明政府廉洁和经济所有制多元化有助于降低建设用地空间错配。这也给予了我们一定的政策启示，即完善政府财税制度、加大土地利用监管力度，减少政府腐败行为，推进经济体制改革，大力发展民营经济，有助于纠正建设用地错配。

第四节 建设用地空间错配机制稳健性检验

一、稳健性检验原理

稳健性检验考察的是评价方法和指标解释能力的强壮性，也就是当改变某些参数时，评价方法和指标是否仍然对评价结果保持一个比较一致、稳定的解释。如果通过改变模型参数、变量或重复实验，实证结果未发生改变，则说明实证结果是稳健的、可靠的。如果实证结果的符号或显著性发生了改变，说明模型结构是不稳健的，需要进一步寻找问题所在。

目前稳健性检验的做法主要为三种，一是从数据出发进行稳健性检验，具体来说就是根据不同的标准对数据进行调整分类，然后考察实证结果是否发生改变。二是从变量出发进行稳健性检验，对原有模型的变量进行替换，重新运行模型，如果检验结果未发生变化，则说明是稳健的。原始变量与替代变量要

---

① 湖北省人民政府. 关于扩大对外开放积极利用外资的实施意见 ［EB/OL］.（2017－03－20），http：// www. hubei. gov. cn/govfile/ezf/201704/t20170401_1032923. shtml.

有相互替代性，否则会影响稳健性检验结果。三是从计量方法出发及逆行稳健性检验，如选择不同的估计方法 OLS、FIX EFFECT、GMM 等进行回归，考察检验结果的稳健性。

二、稳健性检验方法

为进一步验证建设用地空间错配的影响机制，我们采用变量替代法对机制的稳健性进行检验。市场错配变量采用单一变量土地转换比率表示，替代土地非均衡发展和负外部性变量。土地转换比率是指建设用地规模与农用地规模之比，在市场机制下，建设用地以效率为导向的流动，直接表现就是建设用地规模不断增加，农用地规模不断减少。因此，土地转换比率能够反映市场错配的过程与结果。政府错配变量同样采用单一变量产业同构程度表示，替代土地非市场化程度和土地财政依赖度。政府错配机制通过干预建设用地供应方式和供应结构，来主导土地用途和产业结构，以追求更高的税收和经济产出，直接结果就是地区产业结构相似、地区之间恶性竞争，全社会整体效益减少。因此，产业同构程度是政府错配的直观变现。

三、稳健性检验结果

根据上述分析，我们用产业同构系数衡量政府错配，用建设用地与农用地比例衡量市场错配。在控制变量不变的情况下，逐步加入市场错配变量、政府错配变量，可以分别得到模型五、模型六的估计结果（见表 8 - 2）。

表 8 - 2　　　　　建设用地错配机制稳健性检验

变量		变量指标	稳健性检验
被解释变量	建设用地错配程度（LMD）	模型五	模型六

续表

变量		变量指标	稳健性检验
核心变量	土地转换比率（LCR）	0.148 *** （12.537）	0.086 *** （7.747）
	产业同构程度（IID）		0.732 *** （36.937）
控制变量	产业结构集中化（ISR）	0.471 *** （14.446）	0.401 *** （13.175）
	要素市场发育度（FMD）	0.126 *** 15.584	0.257 *** （24.146）
	政府廉洁程度（GCD）	− 0.007 ** （− 1.978）	− 0.005 *** （− 1.256）
	所有制多元化程度（ODD）	− 0.378 *** （− 19.749）	− 0.451 *** （− 25.387）
样本容量		374	374
R^2		0.995	0.995
F − statistic		3 463.003	3 007.502

注：** 、*** 分别表示在 5%、1% 的水平下显著，括号内为 T 统计量。
资料来源：根据湖北省土地利用现状调查与变更数据和湖北省统计年鉴数据计算。

由模型五和模型六的估计结果可知，土地转换比率和产业同构程度均通过了显著性检验，说明土地转换比率和产业同构程度对建设用地空间错配保持着正向作用。产业结构、要素市场发育、政府廉洁度、所有制多元化等控制变量的估计系数与符号也没有发生改变。因此，可以说明上述建设用地空间错配机制的检验是稳健的，政府配置机制和市场配置机制造成了建设用地错配。

第九章
土地资源错配多尺度
比较与特征分析

前面我们分别从区际尺度（本书将土地资源在东部、中部、西部之间的错配情况称为区际尺度错配）、省际尺度、市际尺度探讨了土地资源错配程度及其效益损失情况，本章将对土地资源不同尺度视角下土地资源错配情况进行比较分析，探讨土地资源错配的多尺度特征，为土地资源优化配置提供科学依据。

第一节　土地资源错配多尺度比较

一、土地资源多尺度空间错配状态

为比较土地资源在不同空间尺度上的错配状态及其差别，我们将土地资源区际错配、省际错配、市际错配状态进行梳理与归纳（见表9-1）。区域尺度错配主要包括土地资源在我国东部、中部、西部三大区域之间的错配，部门错配在此不进行比较。省际尺度错配主要包括土地资源在长江中游城市群中的湖北、湖南、江西三省份之间的错配。市级尺度错配主要包括土地资源在湖北省17个地市州之间的错配。为便于比较，我们运用系统聚类分析法将湖北省17个地市州按照错配程度分为三类，分别为高度错配区、中度错配区和低度错配区，以对应区际、省际错配单元。我们分别从土地资源错配程度、错配损失、错配趋势、错配差异等方面比较不同尺度下的土地资源错配状态。

表9-1　　　　　　　　　土地资源错配多尺度比较

错配状态	区际尺度	省际尺度	市际尺度
错配程度	东部 [0.596, 0.618]，均值0.605 中部 [3.888, 5.069]，均值4.682 西部 [14.369, 18.252]，均值15.755	湖北省 [0.04, 76.07]，均值23.54 湖南省 [13.97, 40.24]，均值28.37 江西省 [10.72, 37.72]，均值27.01	高度错配区 [0.587, 0.721]，均值0.656 中度错配区 [0.137, 0.471]，均值0.312 低度错配区 [0.104, 0.267]，均值0.160

续表

错配状态	区际尺度	省际尺度	市际尺度
错配损失	全国［11.62%，14.33%］，均值12.63% 东部［14.75%，16.21%］，均值15.29% 中部［-25.39%，-15.15%］，均值-22.67% 西部［-37.26%，-5.02%］，均值-28.47%	城市群［0.8%，7.87%］，均值4.29% 湖北省［-11.55%，-3.54%］，均值-6.63% 湖南省［-12.25%，-6.24%］，均值-8.78% 江西省［1.51%，6.15%］，均值4.22%	全省［3.11%，6.92%］，均值3.87% 低度错配区［-3.7%，3.7%］，均值0.05% 中度错配区［-21.0%，3.8%］，均值-9.90%高度错配区［4.0%，18.5%］，均值12.49%
错配类型	东部为短缺错配 中部为过度错配 西部为过度错配	湖北省为短缺错配 湖南省为短缺错配 江西省为过度错配	各类错配区过度错配与短缺错配并存
错配趋势	错配程度：东部、中部、西部分别下降0.18%、1.17%、1.06%，总体呈下降趋势	错配程度：湖北省年均下降6.06%、湖南省年均下降4.07%、江西省年均增加12.92%	错配程度：高度错配区年均增加0.05%，中度错配区年均增加0.13%，低度错配区年均下降0.48%
	错配损失：全国下降0.95%、东部年均下降0.45%、中部年均增加3.03%、西部年均增加31.47%	错配损失：城市群年均下降6.85%、湖北省年均下降4.33%、湖南省年均下降0.69%、江西省年均增加15.42%	错配损失：高度错配区年均增加2.04%，中度错配区年均下降0.92%，低度错配区年均下降2.02%

资料来源：本书整理。

二、土地资源多尺度空间错配程度比较

从表9-1可知，在错配程度方面，区际尺度上东部、中部、西部错配程度均值分别为0.605、4.682、15.755，由东向西逐渐增加。省际尺度上，湖北省、湖南省、江西省土地资源错配程度均值分别为23.54、28.37、27.01，错配程度相对均衡。市际尺度上，高度错配区、中度错配区、低度错配区土地资源错配程度分别为0.656、0.312、0.160。由于市际尺度土地资源错配测度标准与区际和省际错配测度方式不同，更加注重区域公平性，所以市际尺度土地资源错配

程度相对省际和市际错配程度较轻。

三、土地资源多尺度空间错配损失比较

在错配效益损失方面，全国土地资源区际错配效益损失率均值为 12.63%，东部、中部、西部地区错配效益损失率均值分别为 15.29%、－22.67%、－28.47%，中西部地区错配效益损失率为负，表明中西部地区建设用地倾斜性配置带来了一定的社会总产出，但是增加收益难以弥补东部地区因土地资源配置短缺而损失的社会效益。长江中游城市群土地资源空间错配效益损失均值为 4.29%，湖北省、湖南省、江西省土地资源空间错配效益损失率分别为 －6.63%、－8.78%、4.22%，江西省存在倾斜性配置带来的社会效益增加，而湖北省、湖南省存在因短缺配置带来的效益损失，整个城市群因空间配置不均衡而导致总体效益损失。湖北省土地资源空间错配效益损失率均值为 3.87%，其中低度错配区效益损失率均值最低为 0.05%，其次为中度错配区的 －9.90%，高度错配区效益损失率均值最高为 12.49%。

四、土地资源多尺度空间错配类型比较

在错配类型方面，土地资源区际错配中过度错配与短缺错配并存，其中东部为短缺错配、中部为过度错配、西部为过度错配。长江中游城市群省际错配中过度错配与短缺错配并存，其中湖北省为短缺错配、湖南省为短缺错配、江西省为过度错配。湖北省土地资源市际错配中过度错配与短缺错配并存，不仅有各个地市州表现出不同的错配类型，同一个城市单元在不同年份亦表现出不同的错配类型，各类错配区过度错配与短缺错配并存。

五、土地资源多尺度空间错配趋势比较

在错配趋势方面，我国区际尺度土地资源错配程度总体呈下降趋势，其中

东部、中部、西部分别下降0.18%、1.17%、1.06%，区际尺度土地资源错配效益损失总体也呈下降趋势，年均下降0.95%，其中东部年均下降0.45%、中部年均增加3.03%，西部年均增加31.47%，表明土地资源空间错配在区际尺度上有所改善。长江中游城市群土地资源省际错配程度总体上下降趋势也比较明显，其中湖北省土地资源错配程度年均下降6.06%、湖南省年均下降4.07%、江西省年均增加12.92%；土地资源省际错配效益损失上，长江中游城市群年均下降6.85%，其中湖北省年均下降4.33%、湖南省年均下降0.69%、江西省年均增加15.42%，下降趋势明显。湖北省土地资源市际错配程度和效益损失总体上也表现出下降趋势，但对个别城市单元来讲，错配趋势变动规律性不明显，其中高度错配区土地资源错配程度年均增加0.05%，中度错配区年均增加0.13%，低度错配区年均下降0.48%，高度错配区土地资源错配效益损失年均增加2.04%，中度错配区年均下降0.92%，低度错配区年均下降2.02%。

第二节　土地资源错配的尺度特征

（1）土地资源多尺度空间错配变化趋势具有一致性。从土地资源多尺度空间错配比较来看，无论是土地资源区际尺度错配，还是土地资源省际尺度错配与市际尺度错配，虽然错配程度和损失率变化幅度不一样，但是土地资源空间错配变化趋势保持了一致性。即土地资源空间错配程度和效益损失正在不断改善，土地资源配置效率不断提升。

（2）土地资源多尺度空间错配差异显著。在土地资源错配差异方面，我们可以从上述错配程度、效益损失、错配类型以及错配趋势等方面综合来看土地资源多尺度空间错配差异。首先是错配程度方面，土地资源省际错配程度明显大于土地资源区际错配程度，土地资源市际错配程度最小。其次是错配效益损失方面，土地资源区际错配效益损失率明显大于土地资源省际错配效益损失，土地资源市际错配效益损失率最小。一方面是因为土地资源配置效益由土地边际产出和土地资源配置数量决定，尺度越大，土地资源配置数量越大，地区之间的差异越大，土地资源错配效益损失越大。另一方面则是因为土地资源区际和省际错配主要用土地边际经济产出在界面上是否相等来判断，而土地资源市际错配衡量标准加入了土地资源配置的公平性指标，用土地边际产出与价格之比在截面上是否相等来衡量，导致土地资源市际错配相对较小。再次是错配类型方面，土地资源区际错配、省际错配、市际错配均存在过度错配与区际错配并存的情况，但是土地资源市际错配类型明显更为复杂，湖北省各地市州之间、各城市不同年份之间错配类型也是不一样的。最后是错配变化趋势方面，虽然总体上变化趋势均具有一致性，但是变化幅度上差异相当明显。

（3）土地资源空间错配尺度效应明显。总体来讲，土地资源在不同尺度范围内，错配程度、错配类型、错配趋势、错配差异等方面都存在明显的尺度特征。一是空间尺度越大，土地资源空间差异性就越明显，空间配置规模就越大，空间错配效益损失会越大。二是空间尺度越小，土地资源空间错配类型变化就越复杂，需要更为精细化的配置策略。主要原因是土地资源在更小的尺度范围内，各地区差异不大，配置灵活性、精细性更高。三是土地资源错配在空间尺度上具有兼容性，如土地资源在区际尺度上的过度错配为中部地区和西部地区，但是在省际尺度上，湖北省、湖南省则表现为短缺错配，而在市际尺度上，孝感、黄冈、十堰、宜昌、襄阳、荆门、荆州、随州、恩施等又表现为过度错配。这说明空间尺度不一样，衡量土地资源错配标准单元便发生变化，土地资源空间错配结果便不同。因此，土地资源优化配置必须考虑到土地资源配置范围、配置单元以及配置方式。

第三节　土地资源优化配置启示

土地资源空间错配实质上就是土地资源在不同地区之间的土地总量和增量的配置偏离有效配置的状态。具体到本书，土地资源空间错配主要指建设用地资源错配，即建设用地资源在不同地区之间的总量控制（用地规模）和增量（用地指标）分配。比较土地资源多尺度空间错配及其特征，能够为土地资源优化配置提供一些政策启示。

（1）实施更加精细化的土地资源配置模式。从土地资源空间错配特征来看，土地资源错配程度、错配类型、错配趋势、错配损失等存在显著的差异，土地资源优化配置时必须考虑到不同地区错配程度、错配类型以及错配损失的不同，针对性实施土地资源配置模式。首先，优先解决错配程度高、效益损失大的地区土地资源错配，能够有效促进区域经济增长。其次，根据建设用地短缺错配与过度错配，明确建设用地减量化配置区域和建设用地重点配置区域，最大化优化土地资源配置。最后，根据错配趋势，总结错配下降趋势明显的地区经验与模式，进行不断完善与推广，而对于下降趋势不明显甚至增长的地区，分析其错配成因，针对性纠正土地资源错配。

（2）土地资源配置时应充分考虑空间尺度效应。从土地资源空间错配尺度特征可知，不同空间尺度上土地资源错配程度、类型、趋势等具有不同的特征。在土地资源空间优化配置中，必须充分考虑空间尺度效应。空间尺度较大时，地区差异也较大，土地资源错配状态差异也较大，此时应采取差别化的土地配置政策。当空间尺度较小时，地区之间差异较小，土地资源错配状态差异相对较小，此时可以考虑在上一级管控措施下，调整配置政策，实施内部差别化管控政策。为进一步厘清不同空间尺度上土地资源配置效率与特征，应逐级开展土地资源空间错配衡量，明确不同尺度范围下不同地区不同年份土地资源错配的状态。

第十章
土地资源配置优化策略

土地资源部门配置实际上就是农用地保有量和建设用地总量的配置状态，建设用地空间配置亦是建设用地规模在地区间的分配。土地资源部门错配和空间错配必然导致农用地和建设用地配置偏离有效状态、建设用地分配不经济，影响耕地保护、建设用地总量供给和增量分配。因此，纠正土地资源错配对耕地保护政策制定、建设用地总量管控、增量分配具有重要现实意义。本章针对我国土地资源错配程度、效益损失及其时空特征、不同尺度下建设用地空间错配情况，从错配视角提出我国土地资源错配纠正措施和策略，针对土地资源错配机制，从政府调控与市场机制两方面对我国土地资源配置机制进行优化设计。

第一节　土地资源部门错配优化策略

一、有序推进土地资源错配纠正

中国土地资源部门错配效益损失主要集中在东部地区，中部次之，西部最小，因此应调整土地资源配置区域和顺序，重点减少东部地区部门效益损失。一方面通过耕地占补异地平衡、生态补偿财政转移支付等手段，合理调节东部地区农业部门和非农部门用地需求，减少部门错配程度；另一方面深入推进农业供给侧结构性改革，通过科技创新和机制体制创新，助力东部地区农业发展创新，增加东部地区农用地边际产出，减少部门收益差。

二、开展土地资源外部性评估

纠正土地资源部门错配，需要积极开展土地资源外部性评估，健全外部性内在化机制，凸显农业用地非市场价值。一是探索建立统一的土地资源外部性评估标准和体系，对农用地社会、生态服务、景观功能等非市场价值和建设用地开发利用中的污染排放、能源消费等负外部性进行评估、核算。二是将土地资源外部性作为土地资源配置、开发利用的重要依据。在结构调整和资源配置中，充分考虑农用地正外部性和建设用地的负外部性；在开发利用中，将农用地正外部性转化为私人收益，将建设用地负外部性转化为私人成本，创新外部性内在化方式。

三、多途径提升农业用地边际收益

目前中国农用地边际收益，尤其是经济收益，远低于建设用地边际收益，是部门效益损失的主要原因。一方面，可以通过农村土地制度改革，推进城乡土地市场一体化，显化农村土地资产，进而提高农业用地市场价值，增加农业用地边际收益。另一方面，可以通过加大农业生产技术投入，调整农业生产结构，增加农业用地产出，进而提升农业用地边际产出。同时，强化农业用地生态环境的保护，开展农业用地生态服务价值估算，提升农田生态服务价值也是增加农用地边际收益的重要途径。

第二节　土地资源空间错配优化策略

一、实施差别化土地政策

2011 年，国土资源部印发的《国土资源"十二五"规划纲要》中提出以"实行总量控制、供需双向调节、差别化管理"为指导思想，针对不同区域、不同产业和经济发展的阶段性要求，探索建立以市场配置为基础，以总量平衡为目标，以供需双向调节和差别化管理为手段的国土资源宏观调控政策体系。"十二五"规划纲要明确了差别化土地管理政策实施手段和差别化调控机制，为探索和实施差别化土地管理政策体系奠定了基础。目前，实施差别化土地政策已经成为我国土地利用与管理的战略选择，也是目前相关部门和学者关注的焦点。而从前文土地资源错配及其时空特征也可以看出，我国土地资源错配无论是在部门间，还是在地区间，区域差异显著，实施差别化土地政策十分必要。

首先是实施建设用地总量差别化管控。从部门错配来看，全国层面和西部地区土地资源存在农地过度非农化现象，即建设用地过度扩张造成农地短缺配置损失，应严格控制建设用地总量。东部和中部地区由农地过度非农化错配转变为农地农用错配，农地过度农用造成建设用地短缺配置损失，应增加建设用地总量供给。根据不同地区土地资源部门错配类型不同，实施针对性的建设用地总量管控措施十分必要。

其次是建设用地增量差别化配置。从空间错配来看，东部因建设用地短缺配置而导致效益损失，中、西部地区建设用地供给充裕（相对东部土地边际收益而言），配置效益有所提升，但是中、西部增加的建设用地产出效益难以弥补东部短缺错配效益损失，进而导致全国整体上配置效益减损。因此，建设用地增量分配中，应优先配置给东部地区，其次为中、西部地区，提高建设用地配置的针对性。在其他空间尺度上，建设用地增量差别化配置尤为必要。部分地区社会经济发展缓慢，根源不是土地资源短缺，而是资本、劳动等要素稀缺，而有些地区社会经济发展水平较高，土地要素对经济增长的贡献已经很小，创新才是区域经济发展的根本动力。再有，部分城市建设用地无序扩张，建设用地低效、闲置现象突出，土地利用粗放，完全可以通过存量用地挖潜和低效用地改造来满足其用地增量需求。可以看出，不同地区其用地需求、土地利用效率、利用方式不一致，土地资源禀赋也存在差异。若用统一的配置模式进行土地资源配置，必然导致土地供需失衡、矛盾突出，资源配置效率损失。因此，实施建设用地增量差别化配置十分必要且意义重大。

最后是建设用地分级差别化管控。不同地区土地资源禀赋和用地需求不同，应在国家、省、市、县等不同层级实施"匡总量、分增量"的差别化配置方案，并探索"一省一策、一市一策、一区一策（分区管控）"的分级管理措施，实现差别化、精细化管理。所谓差别化管理实质是科学管理的一种模式，更加突出了精细化管理、针对性管理的特征。不同尺度上的土地利用特征、方式、水平以及资源禀赋必然存在较大差异，在同一制度或政策实施上，地方自主权亦有不同，土地政策或制度精细化程度越高，政策制定与地方需求的匹配性越强，政策或制度越有效。而"一省一策、一市一策、一区一策、一村一策"的分级管控政策，能够充分考虑到地区异质性，发挥政策绩效，可以作为土地资源优化配置的有效途径。

二、实施用地指标跨区域流转

我国土地资源错配中过度错配与短缺错配并存，表明我国土地资源配置与地方用地需求不匹配，导致用地指标低效利用，甚至是浪费。然而现在政府主导配置和市场配置机制下，很难准确框定区域土地需求进而匹配供应总量。再者，土地资源是稀缺的，相对于地方用地需求来说，土地供给是远远不够的。这也造成在土地资源现实配置偏离土地资源有效配置状态是常见的。在这种情况下，有些地方必然出现用地需求得不到满足，出现用地短缺，造成土地短缺错配效率损失。而部分地区可能通过存量挖潜、城乡增减挂钩等方式满足了本地区用地需求，甚至节余了部分增量指标和部分挂钩指标，造成土地资源浪费。

针对上述土地资源配置紧缺与浪费的情况，2018 年 3 月，国务院办公厅印发了《城乡建设用地增减挂钩节余指标跨省域调剂管理办法》（以下简称《办法》），提出城乡建设用地增减挂钩节余指标可以跨省域进行调剂。城乡建设用地增减挂钩节余指标跨省域调剂，是指"三区三州"及其他深度贫困县城乡建设用地增减挂钩节余指标（以下简称节余指标）由国家统筹跨省域调剂使用。国土资源部将跨省域调剂节余指标任务下达有关省（区、市）。有关省（区、市）可结合本地区情况，将跨省域调入、调出节余指标任务明确到市、县。《办法》虽然提出了城乡建设用地增减挂钩节余指标可以跨省域进行调剂，但是具体实施上有诸多限制，不利于用地指标的最大化利用。因此，有必要进一步设计用地指标跨区域流转制度与办法。

第一，要进一步扩大用地指标交易区域。《办法》出台已经为建设用地指标的省际交易提供了基础和导向，在跨省域的基础上，可以进一步放开，扩大市场需求与供给方，进行跨市域、跨县域的自主交易，减少行政干预和审批时间，降低交易成本。

第二，进一步优化用地指标跨区域配置方式。优先采用市场化配置方式进行用地指标跨区域配置。当前国际通行的市场化资源配置方式是竞标方式。一方面竞标可以达到建设用地指标配置效率的最大化；另一方面竞标的价格可以成为国家对土地市场和房地产市场走势判断的依据，并进行相应的政策调整和宏观调控。同时，竞标提高了经济发达地区的指标获得成本，利于其有效控制建设用地规模扩张，促进区域可持续发展。

构建建设用地指标跨区域市场化配置机制，既保证了建设用地指标初次配置的公平性和稳定性，又实现了再次分配的效率性和灵活性；既有利于满足发达地区的土地利用，又能增加欠发达地区的收入，更有利于创新土地金融制度、挖掘建设用地指标融资功能、缓解地方财政压力（马晓妍等，2017）。

三、合理制定区域发展战略

中西部地区近年来建设用地边际收益增长速度较快，但是边际收益值仍远小于东部地区，三大区域土地收益差仍现实存在。因此，加大中西部地区现有建设用地开发利用强度，改造低效闲置用地，优化产业结构，有助于加速提升中、西部土地边际产出效益，从根本上减弱土地资源空间错配。另外，可以考虑不平衡发展路径，因地制宜进行土地开发；还可以考虑不平衡发展路径，在主体功能区划和新型城镇化规划框架下，重点发展东部、适当发展中部、有选择地发展西部，合理控制中西部建设用地规模，缩小土地资源空间错配程度。

第三节　土地资源配置机制优化策略

一、土地资源配置机制概述

当前我国土地资源配置方式主要有两种，政府主导配置和市场配置。土地资源政府配置以传统经济为基础，通过行政指令和计划安排土地资源。土地资源市场配置以市场经济为基础，通过市场机制对土地资源分配和利用组合起调节作用（李明月，2003）。土地资源政府配置具有自身的优势，通过政府的宏观调控可以对土地市场的交易规则、交易主体、交易环境等进行监督、管理，减少土地利用的负外部性，兼顾土地资源配置的社会性与公益性，进而维护土地市场正常运转。土地市场机制优点同样突出，已有证明市场是资源配置最有效的方式。市场机制具有灵活、高效的特点，能够提供真实的简化信息，通过市场机制可以实现土地利用效率最大化。

（一）市场配置局限性

　　但是无论是土地市场机制还是土地政府主导配置，均有着自身的缺陷。就土地市场而言，土地市场的局限性、缺陷性、负面性真实存在。首先，土地市场自身的局限性，市场以追求最大利润为目标，市场机制无法解决自然垄断、外部性、信息不对称和公共产品等问题，而且土地市场本身就是一个不完全竞争性市场。其次，土地市场发展也存在缺陷性，包括土地市场发育和运行的外部制度环境尚不健全，如我国城乡土地市场分割、土地用途管制制度、土地公有制度等，使得土地资源无法像资本、劳动等要素一样自由流动。最后，土地市场也存在负面性，即市场运行的结果不符合社会需要的价值判断标准，从而对社会产生负面影响而导致的市场失灵（王文革，2005；何格，2008）。市场机制追求个人利益最大化，但是社会公平性和区域协调发展是全社会的普遍追求，市场配置资源的结果往往与社会治理需求不匹配，甚至不利于社会公平与均衡发展的实现。

（二）政府配置局限性

　　对政府而言，政府参与土地资源配置同样极易造成土地资源配置效率低下甚至失效的情况。第一个典型的表现就是政府在资源配置中功能越位。政府往往对土地资源配置过度干预，造成土地资源配置效率损失。如政府对土地资源的垄断造成土地价格扭曲，土地利用效率低下甚至闲置。政府的寻租活动也会造成土地资源配置的不公平性。在现实社会中，凡是短缺并缺乏供给弹性的资源，都存在租金问题。土地资源配置表现得更为明显，政府往往通过土地利用规划、土地用途管制、土地审批供应等手段，管控土地资源配置区域、调整土地供应数量与结构，以获得最大租金。第二个表现是政府在土地资源配置中的功能缺位。通过行政指令和计划安排土地资源，但往往政府自身能力有限、无法掌握微观主体全部信息，政府调控措施缺少针对性，或干预不足，导致资源配置效率损失。第三个就是政府在资源配置中的职能错位。地方政府出于利益博弈导致产能过剩误导资源配置。如地方政府为了追求 GDP，在招商引资时，采取税收减免、土地优惠、财政补贴、降低土地价格等措施，甚至不惜放宽环境标准，严重扭曲了要素价格体系，带来产能过剩的严峻挑战，地区恶性竞争，产业同构，误导了资源的流向。

二、政府与市场结合的土地资源配置

前文研究已知，政府机制和市场机制两种资源配置机制各有利弊，政府和市场独立配置土地资源均会造成土地资源错配及效益损失。这就要在土地资源配置中将政府配置与市场配置结合起来，尽量避免各自配置方式的短板，发挥各自在资源配置中的优势，实现土地资源的优化配置。下面将介绍政府配置与市场配置有效结合的情形下，各配置机制的主要内容与配置方式。

（一）政府与市场结合的土地资源配置内容

1. 政府与市场的角色定位

政府与市场相结合的土地资源配置首先应明确的内容是政府与市场的角色定位。随着市场经济的发展与市场机制的不断完善，市场的供求机制、价格机制与竞争机制的联动效应增强，市场机制更加灵活、高效，市场配置资源的能力得到迅速提升。尤其是在市场经济条件下，市场能够提供大量真实的简化的微观信息和宏观信息（盛洪，2014），土地市场化配置会带来土地资源利用效率的提高，有助于促进经济增长。因此，土地市场化配置是土地资源有效配置的必经之路（田光明和曲福田，2010）。

但是土地是基础性资源，具有资产和资源双重属性，也是外部性明显的公共资源，土地市场配置机制并不能解决土地资源利用与配置的所有问题，如外部性、垄断、公共物品等与实践无关的因素和蛛网、不确定性、其他收敛困难等与时间有关的因素。当市场价值规律无法实现土地资源配置效率最佳（何格，2008），便出现了土地市场失灵。

可见，虽然土地市场配置更加灵活、高效，也是未来土地资源配置的必经之路，但是土地市场失灵也是客观存在的。土地市场失灵必然影响土地资源市场配置机制运行，这为政府干预土地资源配置提供了理由，尽管政府行为也会出现失灵的情况，但正如市场的基础性和决定性作用是不可替代的一样，政府的调控行为也是不可或缺的。美国经济学家斯蒂格利茨（1997）在其"非分散化定理"中就说到，如果没有政府的干预，就不能实现有效的市场资源配置。因此，在土地资源配置中，市场应该发挥决定性作用，政府作为市场的调节者、适当干预，即由土地市场对资源配置起决定性作用，辅以政府对市场失灵的必要干预（文贯中，2014）。市场机制无法提供足够的公共用地、滋生土地利用负外部性，政府适当的规划和用途管制能提高土地整体使用效率，促进社会公平，减少各种谈判和诉讼带来的交易成本（Miceli，2011）。政府与市场应该各自扮演好角色，相互结合，共同实现土地资源的优化配置。

2. 政府与市场的配置内容

政府参与土地资源配置中，应当充当游戏规则的制定者，而非既是制定者和优势参与者的双重角色。政府应当充当市场的引导者，正确引导土地资源利用与配置向着更加高效、更加公平的方向流动。同时作为市场调节者，当出现市场失灵的时候，及时通过各种宏观调控措施来维护土地市场的正常秩序与运行，体现出服务于市场的功能和作用。正如萨缪尔森（1999）指出的政府干预市场经济的三项职能，即提高效率、增进平等以及促进宏观经济的稳定与增长。具体内容可以从以下几个方面做起：

一是控制土地总量供给。土地资源是基本的生产资料，为社会经济活动提供生产空间和载体，与经济建设、城镇化进程、产业布局等密切相关，土地资源的供给对国家宏观经济具有重要的促进作用。一定时期的土地供应总量将直接影响国民经济的稳定和健康发展。政府作为市场的引导者和调节者，必须要充分考虑社会经济发展对土地的真实需求和土地资源有效供给总量之间的平衡，对土地资源供应总量进行严格控制：一方面满足社会经济发展的用地需求；另一方面避免土地资源过度利用、粗放利用等不可持续利用现象的发生。

二是维护土地市场的正常运行。市场机制的局限性、缺陷性与负面性，决定了政府的调控行为也是不可或缺的。在土地资源配置中，政府应当充分发挥宏观调控作用，通过多种手段来完善土地市场发育、规范土地市场运行、惩罚土地市场中各类违规违法事件，为土地市场正常运转提供良好的宏观环境。在土地市场不同的发育阶段，政府采用不同的调控手段与方式，针对性调节土地利用行为。如在土地市场完善时期，政府主要作用是解决土地外部不经济、提供土地公共产品、增加市场信息供应量、制定公平的交易和竞争规则、调整用地结构以及维护产权；而在土地市场转轨时期，政府应缩小直接配置土地资源的范围，消除阻碍市场成长的因素（李明月，2004）。

土地不仅是经济学中与劳动、资本并列的三大基本经济资源之一，而且是与劳动资源并列的两大原始资源之一。在当今工业化和城市化快速推进的中国，土地资源的稀缺性和重要性日益凸显。国内外的实践已经证明，计划经济不能实现包括土地在内的所有经济资源的有效配置，所以才普遍由计划经济转向了市场经济。具体到中国而言，市场由最初作为辅助的调节手段，逐步演变成与计划并列的双轨之一，然后又由资源配置中的基础性作用转变为决定性作用。现在，随着市场经济的快速发展，土地市场在土地资源配置中也自然地起到决定性作用。

在政府宏观调控指导下，应充分开放市场，最大限度发挥市场在资源配置中的高效优势，放开土地二级市场，搞活三级市场，减少政府不必要的行政干预，给广大土地使用者充足的使用空间，使得土地要素在市场上能够自由流动。同时，应使土地的隐性市场浮出水面，引入规范的市场管理机制，将使得土地市场中的交易双方都从中合法获利（孔祥斌等，2005）。政府介入土地资源配置也应该明确仅仅是为了弥补市场的缺陷而不是取代市场的决定性作用。国家土地利用规划的制定与土地用途管制的实施，也必须建立在市场在土地资源配置中起决定性作用的基础之上，即为了保证公共利益的实现，对土地市场配置产生的负外部性加以限制，对正外部性给予补偿，而不能取代市场在土地资源配置中的决定性作用。政府应充分尊重土地市场的规律，依据由土地市场形成的反映土地资源稀缺性及其机会成本的土地价格（蔡继明，2014）来实现土地资源配置。

（二）政府与市场结合的土地资源配置手段

1. 政府土地资源配置手段

政府参与土地资源配置的主要方式有法律手段、行政手段、经济手段和技术手段。政府通过多种手段的综合运用实现土地资源优化配置与调控。

首先是法律手段。目前我国土地法律法规体系建设滞后，土地规划、土地制度等权威性不足，难以充分发挥政府宏观调控作用，这也是导致政府直接介入土地资源配置的原因之一。当前，应完善土地利用与管理的法律体系，保证各种法律法规的相互协调与衔接，约束土地市场中的不良行为，为土地市场的运行提供有力的法律保障。

其次是行政手段。行政手段是政府配置和调控土地资源的重要手段之一。政府参与土地资源配置的常用行政手段有产权制度、规划制度、土地储备制度等。产权制度的完善是土地市场运行的基础。政府通过完善土地产权制度，明确土地市场产权主体、产权关系以及产权归属等，规范土地市场运行机制及交易规则，降低土地交易成本，推动土地市场良性运转。政府通过土地利用规划的编制与实施，对土地供给总量、利用结构、利用计划等进行统筹管控，均衡农用地保护与建设用地供给、优化产业结构与布局、促进土地资源集约利用水平。政府通过土地储备制度将政府配置与市场配置有效结合，从源头上管控土地供应总量，优先保障社会经济发展的用地需求，同时对存量用地进行储备、开发、挖潜，再进行配置，为政府机制与市场机制的有效结合搭建了一个桥梁，提高了土地资源的优化配置效率。

再次是经济手段。近年来经济手段成为政府参与土地资源配置的主要政策工具，常见的经济手段为财政手段和税收手段。政府在特定时期内通过不断调整财政政策来调控土地的需求量，进而对土地资源进行配置。当土地市场过热，用地需求较大的时候，通过紧缩性财政政策给市场降温，避免泡沫经济产生。当土地市场萧条时，积极实施扩张性财政政策，为土地市场提供资金保障，刺激土地市场繁荣，推动社会经济发展。税收手段是政府配置建设用地资源的重要手段。政府通过完善税收制度和政策，保障土地所有权在经济上的实现，获得土地使用税，进而财富的再次分配，实现区域社会均衡发展。另外，税收标准的不同，也可以用来优化土地供应结构，倒逼产生结构转型升级。

最后是技术手段。技术手段为政府进行土地资源配置提供了技术依据和可行性。土地估计技术、土地利用调查技术、土地管理信息化技术等已成为政府主导配置土地资源的重要技术手段。当前土地估计技术还存在很大问题，尤其是农村土地估计体系尚未形成，农村土地资产价值难以凸显，造成土地资源粗放利用。建立完善的土地评估理论体系，正确评估土地价值，形成合理的土地价格形成机制，将为政府进行土地利用决策提供依据，也为土地利用者提供正确的信号，有利于信息传递和市场运行。目前，地理信息技术、遥感技术、全球定位系数被广泛运用于土地资源利用与管理理论与实践中。国家运用3S技术进行土地利用调查，摸清土地资源家底，进而制定针对性的土地管理政策。同时，利用3S技术调查结果，强化地籍管理工作，对调整土地利用权属、维护土地公有制、保障土地产权人合法利益，具有重要作用，有力保障了土地市场的稳定运行。另外，随着信息技术的不断成熟与运用，土地管理信息化程度也随之提高，极大提升了土地管理工作的准确性、快捷性、高效性，为土地资源配置与管理提供了科学依据。

2. 市场土地资源配置手段

市场机制配置土地资源主要通过土地价格机制、土地供需机制、土地竞争机制三大机制来实现。市场机制作为市场特有的调节方式、调节功能和特殊的运动过程，首先离不开供求这个基本要素。但供求不可能孤立地存在，其运动局势和双方的变化直接受市场价格及市场竞争状况的制约。因此，市场三大基本要素是互相结合、互相制约的一个循环运动过程。

在与政府配置机制相结合的情形下，市场配置主要手段是完善土地一级市场、发展土地二、三级市场、清理土地隐形市场。在政府参与土地资源配置下，土地一级市场的目标是提高土地资源优化配置效率。土地作为一种特殊商品进入市场流通，市场扮演拍卖者的角色，应以社会效用最大化而非经济效益最大化的标准来衡量资源配置效率，通过招标、拍卖、挂牌等市场化出让方式，实现土地资源有偿使用，获得土地资产收益。二、三级土地市场参与主体更加广泛，供需双方在各自信息堆成的情况下实现土地市场均衡，从而能够客观评价土地资源配置的经济代价，形成土地收益分配的社会公平标准。另外，需要杜绝土地隐形市场的存在，清理土地隐形市场中的大量土地，并将隐形市场中的土地逐步推入土地一、二、三级土地市场，规范土地市场运行规则，保障交易双方合法利益。

三、政府与市场结合的土地资源配置机制

党的十八届三中全会《关于全面深化改革若干重大问题的决定》（以下简称《决定》）指出，全面深化改革的重点是经济体制改革，经济体制改革的"核心问题是处理好政府和市场的关系，使市场在资源配置中起决定性作用和更好发挥政府作用"。可见，我们的资源配置机制既需要一个有为的政府，也需要一个有效的市场，实现土地资源配置的政府机制与市场机制的有效结合。政府机制与市场机制有效结合的土地资源配置机制能够充分发挥市场机制的灵活性和高效性，同时也能实现土地资源配置的公平性与均衡性，为我国土地资源可持续利用奠定基础。那么，如何将政府配置机制与市场配置机制进行有效结合呢？我们尝试运用机制设计理论从对土地资源政府配置与市场配置的关系进行梳理，进而优化土地资源配置机制。

（一）机制设计理论

机制设计理论最早由里奥尼德·赫维茨（Leonid Hurwicz，1973）提出，后经埃瑞克·马斯金（Eric S. Maskin，1977）和罗格·迈尔森（Roger B. Myerson，1981）进一步发展。它所讨论的一般问题是，对于任意给定的一个经济或社会目标，在自由选择、自愿交换、信息不完全等分散化决策条件下，能否设计以及怎样设计出一个经济机制，使经济活动参与者的个人利益和设计者既定的目标一致。机制设计理论把社会目标作为已知，试图寻找实现既定社会目标的经济机制。简单来说就是在把机制定义为一个信息交换系统和信息博弈过程之后，把关于机制的比较转化成对信息博弈过程均衡的比较。机制设计理论不仅指出了种种不可能性的困境，更提供了具体情况下走出困境的途径——如何设计机制或者规则，保证社会目标的达成。借助机制设计理论，人们可以确定最佳的资源配置方式。

（二）土地资源配置机制设计模型

依据机制设计理论的模型，本书建立了一个包括外部性、异质性和动态性在内的土地资源配置机制设计的模型。该模型包括经济环境、配置机制、主体行为准则、社会目标四个部分，分别介绍如下。

经济环境：在经济环境中，具有中央政府、地方政府、个体和部门等多个参与主体。各参与主体均有自己的初始资源和资源需求量，政府还是资源初次配置时的唯一供给者。用 D 表示土地资源需求，S 表示土地资源初始量，Q 表示土地资源可能供给量，则经济环境可以表示成这样一个集合，即 $E=(D, S, Q)$。对于每个参与主体而言，同样面对自身的经济环境或组合特征 $e_i=(d_i, s_i, q_i)$。

配置机制：配置机制包括空间信息和配置规则两部分。空间信息则指土地资源数量、质量、结构及其空间组合关系等禀赋特征。用 M 表示信息集合，对于任何一个地区或行业 $i \in N$（N 为自然数），若 M_i 是它的信息集合，则整体的空间信息可表示成 $M=\prod_{i \in N} M_i$。配置规则是指市场机制和政府机制配置原则，用 Z 表示土地资源配置可能集，对 N 个地区或行业土地资源配置数量结果 z 来说，$z \in Z$，即 z 是 Z 的一种配置形式。设 H 为配置规则，则有 H：$M \rightarrow Z$。于是机制设计便由信息集合和配置规则两部分组成，记为 $\Gamma=\langle M, H \rangle$。

主体行为准则：微观主体所处的经济环境 e，决定了它们采取何种措施来传递信息或实施行为。在给定机制 Γ 下，中央政府、地方政府、个体和部门会采取对自己最为有利的行为或措施来获取效益。而参与主体的这一行为准则或自利行为将改变土地资源禀赋特征信息，进而影响土地资源配置。用 b 表示这一行为准则，则 B：$E \rightarrow M$ 是对微观主体行为准则的描述，满足 $B(e, \Gamma) \in M$。这样给定经济环境 E、空间信息 M、配置规则 H 及自利行为 B，所导致的所有均衡配置结果是由配置规则和自利行为准则复合而成的，即 $H(B(e, \Gamma))$。

社会目标：社会目标是针对配置结果 $z \in Z$ 而言的。社会目标是提高土地资源配置效率的同时增进公平，设置合适的标准 F，对社会目标进行评价。如果 $z \in F$ 是配置结果符合标准或实现社会目标，则说明配置机制是好的，是改进的；反之，则说明土地资源存在错配，没有改进。

综上，土地资源配置机制设计模型就是在既定的经济环境 E 和评价标准 F 下，借助对个体行为准则 B 的描述，研究寻找什么样的配置规则 B，改进土地资源配置机制，即寻找 B 使得 H(B(e，Γ)) = z∈F⊆Z(e∈E，B(e，Γ)∈M)。

运用土地资源配置机制模型，可以分别对土地价格机制、土地供需机制、土地竞争机制等市场机制进行模拟与分析，比较不同机制下土地资源配置结果与既定标准或社会目标一致性，进而完善价格、供求、竞争等土地市场机制，弥补土地市场缺陷。同样，运用土地资源配置机制模型，可以分别对土地税收、土地供应、土地收益分配、土地产权制度、土地财政等制度进行模拟与分析，比较不同政策制度下土地资源配置结果与既定标准或社会目标一致性，进而完善土地宏观调控措施和政策体系，提升土地资源配置效率的政府机制。

第四节　土地资源供给侧改革策略

一、明确与发挥土地资源宏观调控作用

由本书的论述与研究结果可知，市场机制下，土地资源配置和利用的外部性、公益性、公平性得不到有效保障，市场失灵现实存在。土地市场失灵必然影响土地资源市场配置机制运行，这为政府干预土地资源配置提供了理由，尽管政府行为也会出现失灵的情况，但正如市场的基础性和决定性作用是不可替代的一样，政府的调控行为也是不可或缺的。首先，应明确土地资源配置与利用过程中，政府所扮演的角色与作用。政府参与土地资源配置与调控是必须的，有法可依、有章可循，任何不作为的行为都是不可取的，政府应深刻认识到作为土地资源管理者的责任，而不能盲目地将土地资源配置与监管全部交由市场。其次，要制定政府参与土地宏观调控的政策体系与措施。比如土地作为自然资源的开发与利用，需要政府健全土地用途管制制度、引领土地利用规划编制、加强土地生态保护、促进农业粮食生产、保障基础设施与民生工程用地供给，进一步出台详细的政策文本。最后，要发挥政府土地资源宏观调控的作用。通

过土地资源宏观调控，确保社会经济持续稳定发展，保障公共服务水平和制定稳步提升，协调区域社会经济生态同步发展。将土地调控作为一项基本的社会经济宏观调控工具。

二、强化与完善土地资源市场配置机制

市场机制在土地资源配置中起到决定性作用，必须尊重土地市场的一般规律，充分发挥价格机制、竞争机制、供求机制在土地市场配置与利用中的作用。可以从以下几点强化和完善土地资源市场机制。一是改革现有土地有偿使用制度，缩小公益性征地范围、扩大土地有偿使用范围，严格限定划拨用地，尽量减少土地协议出让比例，创新土地市场出让方式。二是创新土地利用供给管理方式。在现有供地方式与年限的基础上，积极探索和鼓励短期租赁、弹性租赁、先租赁后出让等灵活弹性的出让方式，将土地出让方式与产业结构、经济转型、社会需求等进行匹配。三是加快建设和完善土地二级市场。搭建统一的土地二级市场交易平台，完善土地使用权转让、租赁、抵押机制和动态监管机制，规范交易环节和流程、完善土地二级市场调控体系与机制，推进交易管理与不动产登记的有序衔接。

三、实施土地差别化配置、监管与调控

从湖北省土地资源错配结果可以看出，湖北省土地资源错配空间差异性显著。现实中，湖北省不同地区其用地需求、土地利用效率、利用方式不一致，土地资源禀赋也存在差异，若用统一的配置模式进行土地资源配置，必然导致土地供需失衡、矛盾突出，资源配置效率的损失。针对省内部分由于资本和劳动等要素缺乏而导致社会经济发展缓慢的县市，减少其土地资源供给，加大资本投入和人才引进。而部分社会经济发展水平较高、土地要素对经济增长的贡献已经很小的县市，创新才是其区域经济发展的根本动力。应积极探索土地利用与管理制度创新、产业结构调整、强化城市更新等方式促进地区发展。再有，

部分县市建设用地无序扩张，建设用地低效、闲置现象突出，土地利用粗放，完全可以通过存量用地挖潜和低效用地改造来满足其用地增量需求。

四、搭建并推进用地指标市场自由交易

解决土地供需矛盾的有效方式还是土地市场机制。根本途径是通过市场的价格、竞争、供需三大机制，来引导有限的资源流向有效的地区和部门。目前城乡统一的建设用地市场尚未形成，阻碍了用地指标市场自由交易，土地资源配置效率受到影响。同时，湖北省当前二级市场发育相对滞后，现行用地指标交易市场不活跃，交易价格低、交易指标少、交易信息不对称等现象普遍存在。政府应坚持自主交易的原则，激发土地市场活力，通过市场交易平台搭建、交易信息发布、交易规则与法律制定、交易监管等方面完善土地市场运行机制，鼓励地方县区跨区域交易、交易主体自由等完善用地指标交易规则与方式，实现用地指标交易的市场竞价、公平竞争。

参考文献

1. 蔡继明，程世勇．地价双向垄断与土地资源配置扭曲 [J]．经济学动态，2010（11）：75－80.

2. 蔡继明．土地资源配置：市场同样要起决定性作用 [N]．光明日报，2014（15）.

3. 陈江龙，曲福田，陈雯．农地非农化效率的空间差异及其对土地利用政策调整的启示 [J]．管理世界，2004（8）：37－42＋155.

4. 陈美球，邓爱珍，周丙娟，肖明．资源禀赋对农户耕地保护意愿的实证分析 [J]．农村经济，2007（6）：28－31.

5. 陈伟，吴群．长三角地区城市建设用地经济效率及其影响因素 [J]．经济地理，2014，34（9）：142－149.

6. 陈锡文．市场在土地领域不能起决定性作用 [EB/OL]．http：//news. sohu. com/20131121/n390500117. shtml.

7. 陈逸，黄贤金，陈志刚等．中国各省域建设用地开发空间均衡度评价研究 [J]．地理科学，2012，32（12）：1424－1429.

8. 陈茵茵．土地资源配置中政府干预与市场机制研究 [J]．中国土地科学，2008，22（3）：20－27.

9. 陈永伟．资源错配：问题、成因和对策 [D]．北京大学，2013.

10. 戴小勇．资源错配视角下全要素生产率损失的形成机理与测算 [J]．当代经济科学，2018，40（5）：103－116，128.

11. 丁文广，雷青，于娟．甘肃省耕地资源禀赋与贫困关系的量化研究 [J]．经济地理，2006，26（4）：636－638.

12. 杜官印，蔡运龙．1997－2007年中国建设用地在经济增长中的利用效率 [J]．地理科学进展，2010，29（6）：693－700.

13. ［美］弗雷德里克·L. 普瑞尔．东西方经济体制比较——研究指南

中南财经政法大学"双一流"建设文库

［M］. 钱玮等译，北京：中国经济出版社，1989.

14. 郭建锋. 中国城市建设用地的空间错置及完善途径 ［J］. 城市问题，2015（8）：45 - 52.

15. 何格. 城市土地市场失灵探讨 ［J］. 价格月刊，2008（4）：74 - 76.

16. 胡晓添，濮励杰. 江苏省土地利用非均衡性研究 ［J］. 中国土地科学，2010，24（7）：14 - 17.

17. 黄奇帆. 建立房地产调控五大长效机制 ［N］. 第一财经日报（上海），2017 - 05 - 31.

18. 黄忠华，杜雪君. 土地资源错配研究综述 ［J］. 中国土地科学，2014，28（8）：80 - 87.

19. 姜开宏，陈江龙，陈雯. 比较优势理论与区域土地资源配置——以江苏省为例 ［J］. 中国农村经济，2004（12）：16 - 21.

20. 柯新利，马才学. 基于资源禀赋和经济发展区域差异的耕地优化布局——以武汉城市圈为例 ［J］. 经济地理，2013，33（11）：136 - 141 + 148.

21. 孔祥斌，聂铭新，姜广辉. 政府宏观调控和市场调控相结合的土地资源配置机制 ［J］. 广东土地科学，2005，4（5）：29 - 32.

22. 李辉，王良健. 土地资源配置的效率损失与优化途径 ［J］. 中国土地科学，2015，29（7）：63 - 72.

23. 李菁，林毅夫，姚洋. 信贷约束、土地和不发达地区农户子女教育投资 ［J］. 中国人口科学，2002（6）：12 - 28.

24. 李明月，韩桐魁. 论土地市场不同发展阶段的政府职能 ［J］. 经济体制改革，2004（6）：24 - 27.

25. 李明月. 我国城市土地资源配置的市场化研究 ［D］. 华中农业大学，2003.

26. 李全庆，陈利根. 土地危机：内涵、市场失灵、政府救济与现实选择 ［J］. 贵州社会科学，2009（1）：95 - 99.

27. 李鑫，欧名豪. 中国省际建设用地单要素效率评价与区域差异研究 ［J］. 南京农业大学学报（社会科学版），2012，12（1）：80 - 84.

28. 林善浪，郭建锋，陈洁萍. 耕地禀赋、地理区位与城市建设用地空间错置——基于 287 个地级市面板数据研究 ［J］. 经济管理，2015，37（4）：

32 – 41.

29. 刘成玉. 对中国土地产权制度性质及效率若干问题的辨析——兼与《中国土地产权制度的性质和改革路径分析》一文商榷 [J]. 经济问题, 2013 (5): 4 – 9, 121.

30. 刘守英. 土地改革何去何从 [J]. 中国投资, 2013 (11): 102 – 104.

31. 龙志和, 陈芳妹. 土地禀赋与农村劳动力迁移决策研究 [J]. 华中师范大学学报 (人文社会科学版), 2007, 46 (3): 11 – 17.

32. 陆铭. 建设用地使用权跨区域再配置: 中国经济增长的新动力 [J]. 世界经济, 2011 (1): 107 – 125.

33. 茅于轼. 经济增长根源在于提高资源配置效率 [N]. 中国高新技术产业导报, 2013 – 01 – 07 (A6).

34. 孟星. 城市土地的政府管制研究 [J]. 复旦学报 (社会科学版), 2006 (3): 106 – 112.

35. 苗建青. 西南岩溶石漠化地区土地禀赋对农户采用生态农业技术行为的影响研究 [D]. 西南大学, 2011.

36. 牟燕, 钱忠好. 破解地方政府土地财政困境的路径选择研究 [J]. 中国土地科学, 2015, 29 (12): 18 – 25.

37. 皮啸菲, 周生路, 吴绍华. 江苏省土地资源禀赋度空间变化研究 [J]. 土壤, 2010, 42 (4): 652: 657.

38. 钱文荣. 中国城市土地资源配置中的市场失灵、政府缺陷与用地规模过度扩张 [J]. 经济地理, 2001, 21 (4): 456 – 460.

39. 钱忠好, 马凯. 我国城乡非农建设用地市场: 垄断、分割与整合 [J]. 管理世界, 2007 (6): 38 – 44.

40. 钱忠好, 牟燕. 土地市场化是否必然导致城乡居民收入差距扩大——基于中国 23 个省 (自治区、直辖市) 面板数据的检验 [J]. 管理世界, 2013 (2): 78 – 89, 187 – 188.

41. 钱忠好. 中国农地保护: 理论与政策分析 [J]. 管理世界, 2003 (10): 60 – 70.

42. 曲福田, 曰光明. 城乡统筹与农村集体土地产权制度改革 [J]. 管理世界, 2011 (6): 34 – 46, 187.

43. ［美］萨缪尔逊和诺德豪斯．经济学（第 12 版）［M］．北京：中国发展出版社，1990.

44. 邵挺，崔凡，范英等．土地利用效率、省际差异与异地占补平衡［J］．经济学（季刊），2011，10（3）：1087 - 1104.

45. 沈春苗，郑江淮．资源错配研究述评［J］．改革，2015（4）：116 - 124.

46. 沈孝强，吴次芳，方明．浙江省产业、人口与土地非农化的协调性分析［J］．中国人口·资源与环境，2014，24（9）：129 - 134.

47. 盛洪．土地配置应由市场决定［EB/OL］．http：//news. ifeng. com/exclu-sive/lecture/special/shenghong/.

48. ［美］斯蒂格利茨．经济学（第 2 版）［M］．北京：中国人民大学出版社，2000.

49. 谭荣，曲福田．农地非农化代际配置与农地资源损失［J］．中国人口·资源与环境，2007，17（3）：28 - 34.

50. 谭荣，曲福田．农地非农化的空间配置效率与农地损失［J］．中国软科学，2006（5）：49 - 57.

51. 谭荣，曲福田．中国农地非农化与农地资源保护：从两难到双赢［J］．管理世界，2006（12）：50 - 59 + 66.

52. 唐健．"供给侧改革"，土地政策已发力［N］．中国国土资源报，2015 - 12 - 04.

53. 田光明，曲福田．中国城乡一体土地市场制度变迁路径研究［J］．中国土地科学，2010，24（2）：24 - 30.

54. 田玉军，李秀彬，马国霞．耕地和劳动力禀赋对农村劳动力外出务工影响的实证分析——以宁夏南部山区为例［J］．资源科学，2010，323（11）：2160 - 2164.

55. 王良健，李辉，禹诚等．耕地征收最优规模的理论与实证研究——基于边际理论视角［J］．中国土地科学，2013，27（1）：11 - 19.

56. 王文革．城市土地市场失灵及其管制法律对策［J］．国土资源，2005（3）：24 - 28.

57. 王小映，贺明玉，高永．我国农地转用中的土地收益分配实证研究——基于昆山、桐城、新都三地的抽样调查分析 [J]. 管理世界, 2006 (5): 62-68.

58. 文贯中. 用途管制要过滤的是市场失灵还是非国有土地的入市权——与陈锡文先生商榷如何破除城乡二元结构 [J]. 学术月刊, 2014 (8): 5-17.

59. 文贯中. 重归内生型城市化道路——关于中国特色与普遍规律的辨析 [J]. 人民论坛·学术前沿, 2014 (2): 73-81.

60. 文兰娇, 张安录. 武汉城市圈土地资源诅咒空间差异性、空间传导机制及差别化管理 [J]. 中国土地科学, 2013, 27 (9): 30-37.

61. 文兰娇, 张晶晶. 国土空间管制、土地非均衡发展与外部性研究: 回顾与展望 [J]. 中国土地科学, 2015, 29 (7): 4-12.

62. 吴郁玲, 冯忠垒, 曲福田. 比较优势理论与开发区土地资源配置效率的地区差异分析 [J]. 工业技术经济, 2006, 25 (3): 51-54.

63. 吴泽斌, 刘卫东, 罗文斌等. 我国耕地保护的绩效评价及其省际差异分析 [J]. 自然资源学报, 2009, 24 (10): 1785-1793.

64. 徐智颖, 钟太洋. 土地出让相关收入央地分成政策变迁与耕地资源流失的关系 [J]. 资源科学, 2016, 38 (1): 73-82.

65. 许恒周, 曲福田, 郭忠兴. 市场失灵、非市场价值与农地非农化过度性损失——基于中国不同区域的实证研究 [J]. 长江流域资源与环境, 2011, 20 (1): 68-72.

66. 游和远, 吴次芳. 农地流转、禀赋依赖与农村劳动力转移 [J]. 管理世界, 2010 (3): 65-75.

67. 张安录. 外部性、市场失灵与政府土地市场管理 [N]. 中国国土资源报, 2011-11-16.

68. 张恒义. 中国省际建设用地空间配置效率研究 [D]. 浙江大学, 2011.

69. 张宏斌, 贾生华. 土地非农化调控机制分析 [J]. 经济研究, 2001 (12): 50-54.

70. 张建华, 邹凤明. 资源错配对经济增长的影响及其机制研究进展 [J]. 经济学动态, 2015 (1): 122-136.

71. 张娟锋, 贾生华. 政府干预、土地供应与价格扭曲 [J]. 当代财经, 2007 (7): 21-24.

72. 张俊峰, 张安录. 土地资源空间异质性与经济发展水平的关系研究——

以武汉城市圈为例［J］. 自然资源学报，2015，30（5）：725 – 735.

73. 张俊峰，张安录. 武汉城市圈土地资源空间异质性及其效应分析［J］. 农业现代化研究，2014，35（4）：424 – 429.

74. 章泽宾，陈银蓉. 比较优势理论与武汉城市圈土地资源优化配置研究［J］. 乡镇经济，2008（11）：46 – 49.

75. 郑振源. 建立适应土地资源市场配置的国家宏观调控体系［J］. 中国土地科学，2012，26（3）：14 – 17，54.

76. 诸培新. 农地非农化配置：公平、效率与公共福利［D］. 南京农业大学，2005.

77. 邹书婷，朱媛媛，曾菊新等. 江汉平原土地资源诅咒效应研究［J］. 长江流域资源与环境，2015，24（12）：2038 – 2046.

78. Alexander E. R. Land – property markets and planning：A special case［J］. Land Use Policy，2014（41）：533 – 540.

79. Banerjee A. V.，Moll. B. Why does misallocation persist?［J］. American Economic Journal：Macroeconomics，2010，2（1）：189 – 206.

80. Barrows R. L.，Prenguber B. A. Transfer of development rights：An analysis of a new land use policy［J］. American Journal of Agricultural Economics，1975，57（3）：549 – 557.

81. Beaton W. P. The Impact of Regional Land – Use Controls on Property Values：The Case of the New Jersey Pinelands［J］. Land Economics，1991（67）：172 – 194.

82. Bertaud A. Urbanization in China：Land use efficiency issues［EB/OL］. http：//alain-bertaud. com /AB_Files/AB_China_land_use_report_6. pdf，2007 – 08 – 30.

83. Brandt L.，Tombeb T.，Zhu X. D. Factor market distortions across time，space and sectors in China［J］. Review of Economic Dynamics，2013，16（1）：39 – 58.

84. Connell J.，Dasgupta B.，Laishley R. Migration from rural areas：The evidence from village studies［M］. Oxford university Press，1976.

85. Constanza R.，D'Arge R.，Groot R.，et al. The value of the world's ecosystem services and natural capital［J］. Nature，1997，387（6630）：253 – 260.

86. Curuk M. Trade，Technology diffusion and misallocation：Trade partner matters［Z］. Center Discussion Paper Series No. 46，2012.

87. Dean M. H. , Robert G. C. Land – use allocation in the absence of complete market values [J]. Journal of Regional Science, 1998, 38 (3): 465 – 480.

88. Deaton B. J. , Vyn R. J. The effect of strict agricultural zoning on agricultural land values: The case of Ontario's green belt [J]. American Journal of Agricultural Economics, 2010, 92 (4): 941 – 955.

89. Gardner B. D. The economics of agricultural land preservation [J]. American Journal of Agricultural Economics, 1977, 59 (5): 1027 – 1036.

90. Hagman D. , Misczynski D. Windfalls for wipeouts, land value capture and compensation [R]. Chicago: American Planning Association, 1978.

91. Heckscher E. The effect of foreign trade on the distribution of income [J]. Ekonomisk Tidskrift, 1919 (21): 497 – 512.

92. Hsieh C. , Klenow P. Misallocation and manufacturing TFP in China and India [J]. Quarterly Journal of Economics, 2009, 124 (4), 1403 – 1448.

93. Hurwicz L. Revisiting Externalities [J]. Journal of Public Economic Theory, 1999, (1): 225 – 246.

94. James C. S. The moral economy of the peasant: Rebellion and subsitence in Southeast Asia [M]. New Haven: Yale University Press, 1976.

95. Jones C. Land use planning policies and market forces: Utopian aspirations thwarted? [J]. Land Use Policy, 2014, 38 (3): 573 – 579.

96. Kimura S. , Otsuka K. , Sonobe T. , et al. Efficiency of land allocation through tenancy markets: Evidence from China [J]. Economic Development and Cultural Change, 2011, 59 (3): 485 – 510.

97. Lichtenberg E. , Ding C. Local officials as land developers: Urban spatial expansion in China [J]. Journal of Urban Economics, 2009, 66 (1): 57 – 64.

98. Miceli T. J. The Economic theory of eminent domain [M]. Cambridge University Press, 2011.

99. Midrigan V. , Xu D. Y. Finance and misallocation: Evidence from plant-level data [J]. American Economic Review, 2014, 104 (2): 422 – 458.

100. Minho K, Jiyoon O, Yongseok S. Misallocation and Manufacturing TFP in Korea, 1982 – 2007 [J]. Federal Reserve Bank of St. Louis Review, 2017, 99 (2):

233 – 244.

101. Moll B. Productivity losses from financial frictions: Can self-financing undo capital misallocation? [J]. American Economic Review, 2014, 104 (10): 3186 – 3221.

102. Nickerson C. J., Lynch. L. The Effect of Farmland Preservation Programs on Farmland Prices [J]. American Journal of Agricultural Economics, 2001, (83): 341 – 351.

103. Ohlin B. G. Interregional and international trade [M]. Harvard University Press, 1933.

104. Opp, M. M., Parlour, C. A. et al.. Markup Cycles, Dynamic Misallocation, and Amplification [J]. Journal of Economic Theory, 2014, 11 (154): 126 – 161.

105. Otsuka K. Efficiency and equity effects of land markets [A]. In: Evenson R, Pingali (Eds.). Handbook of Agricultural Economics [C]. Amsterdam: Elsevier, 2007: 2672 – 2703.

106. Parker D. Revealing 'Space' in spatial externalities: Edge-effect externalities and spatial incentives [J]. Journal of Environmental Economics and Management, 2007, 54 (1): 84 – 99.

107. Restuccia D., Rogerson R. Misallocation and productivity [J]. Review of Economic Dynamics, 2013, 16 (1): 1 – 10.

108. Robert Costanza, Ralph D. Arge, Rudolf de Groot, et al. The value of the world's ecosystem services and natural capital [J]. Nature, 1997, 387 (5): 253 – 260.

109. Roxana J., Duchin F. Land Use Change and Global Adaptations to Climate Change [J]. Sustainability, 2013 (5): 5442 – 5459.

110. Schelkle T. Factor misallocation in dual economies [EB/OL]. http://www. webmeets. com/files/papers/ESWC/2010/1013/dualeconomy_28Jan2010. pdf, 2010 – 01 – 28.

111. Vranken L., Swinnen J. Land rental markets in transition: Theory and evidence from Hungary [J]. World Development, 2006, 34 (3): 481 – 500.

112. Vyn R. J. Examining for evidence of the leapfrog effect in the context of strict agricultural zoning [J]. Land Economics, 2012, 88 (3): 457 – 477.

113. Yokohari M., et al. Beyond greenbelts and zoning: A new planning concept for the environment of Asia mega-cities [J]. Landscape and Urban Planning, 2000, (47): 159 – 171.

致　谢

　　土地资源在不同产业间、企业间、地区间的错配，必然伴随着资本、劳动、科技、能源等要素错配，不可避免地带来资源配置的公平损失和效率损失。纠正土地资源错配，提升土地资源产出效率，不仅有助于推进土地供给侧改革和资源可持续利用，而且也能为疫情后的经济增长提供新的动力。

　　本书的出版受到中央高校建设世界一流大学（学科）和特色发展引导专项资金、国家自然科学基金项目"土地资源禀赋空间异质、资源错配与效率改进：以武汉城市圈为例（71603288）"、湖北省社科基金一般项目"多尺度视角下土地资源错配测度与供给侧改革路径研究（2019067）"的资助。

　　我在此衷心感谢中南财经政法大学学科办、国家自然科学基金委和湖北省社会科学界联合会的资助。感谢我的导师华中农业大学张安录教授对本书的精心构思和悉心指导，感谢中南财经政法大学硕士生翁煜炜、王芳、梅岭对本书的数据收集与分析提供的帮助。最后，感谢我的家人对我工作的支持和帮助，尤其是对我爱人楚玉珊女士长期以来的支持表示由衷感谢！